In case of loss, please return to:

As a reward: $

# COLOFON

Dit soort kraswerk dus

Tekst: Eckart Wintzen
Eindredactie: Robert Jan Pabon
Nakijkjuf: Monique van de Vall
Art direction, droedels en het betere kraswerk: Clien Wintzen (ja, de dochter) en Rosa de Jong (haar klasgenoot in de opleiding tot art director en nu business-partner)

Totale supervisie en productie: Dirk Jasper
Foto titelpagina: Sjaak Ramakers
Inspiratie voor deze vorm: Moleskine, mijn favoriete dagboekjes
Uitgever: Eckart Wintzen in samenwerking met Lemniscaat

ISBN 978-90-5637-967-4

4e druk - november 2008

# WAT ANDERE ONDERNEMERS ERVAN VONDEN

## COMMENTAAR VAN MANUSCRIPTLEZERS

*"Waarom is Eckart een van de zeldzame inspirerende Hollandse entrepreneurs? Omdat hij zijn persoonlijkheid niet heeft laten aanvreten door de macht en het geld. Eckart's Notes is puur leesgenot."*
Jort Kelder, Quote.

*"Als echte gepensioneerde heb ik er van genoten: wat een wijs (en geestig) boek."*
Aad Jacobs, oud voorzitter Raad van Bestuur van de ING.

*"Typisch Wintzen, serieuze grappen, blote meiden en olifanten, maar al lezend begrijpt een ieder hoe succes op zijn weg kwam. Hard en slim werken, met een gezond oog voor fun. Zijn boek is precies zoals de andere dingen die hij doet: Goud goed."*
Roel Pieper.

*"Net als Eckart begon ik mijn bedrijf zonder enig management knowhow. Als ik terug kijk op alle fouten die we bij onze groeistuipen gemaakt hebben, dan is het heel jammer dat zijn boek toen nog niet bestond!!"*
Harry de Winter, oprichter IDTV.

*"Wat een ongelooflijk, leuk, inspirerend, grappig, enthousiast, nuchter, to the point, rijk, geestig, leerzaam boek. Echt lachen en leerzaam!"*
Bas Verhart, ondernemer, oprichter Media Republic.

*"Ik beschouw Eckart Wintzen als een van de profeten van modernisering van de bedrijfsstructuur".*
Prof. Dr P.A.E. Lisa van de Bunt.

*"Wat een mooi boek, leg maar een flinke doos bij Nijenrode! Eckart stapt met gemak over de heilige huisjes heen die we in ondernemersland hebben gebouwd. Geen jargon, geen Engelse termen en een forse dosis humor."*
Rob Katers, ondernemer, oprichter Brick Blocks.

*"Ik ben halverwege je boek en vind het helemaal geweldig! Ik denk dat ik het morgenochtend net even voor 6.00 uur uit heb, want ik ga het niet meer weg leggen. Heel leuk geschreven en super actueel, leerzaam en vaak herkenbaar. Kortom, Top! Mijn complimenten!"*
Arko v Brakel, oprichter EuroNet.

*"Het leest super makkelijk, is erg geestig en je steekt er ook nog wat van op."*
Tirso Frances, ondernemer, Ontwerpbureau DieTwee.

*"Het boek is een feest om te lezen maar laat je niet misleiden door de enorme humor. De grote waarde ligt in wat daar achter schuilt en je ermee doet."*
Jan Amkreutz, ondernemer, auteur.

*"Zelfs ík vind het -nog steeds- leuk."*
Monique Dontje, die tijdens de creatie de correcties en fijnslijperij deed.

# INHOUDSOPGAVE

# LEESWIJZER

## HÓÉ JE DIT BOEKJE MOET LEZEN?

Dat mag je echt helemaal zelf bekijken.

Het hier besproken managementconcept heeft veel facetten, die ik van evenzovele kanten heb belicht. Ik heb het zo geschreven dat bijna ieder hoofdstuk afzonderlijk losse ideeën bevat die je zo in je dagelijkse managementpraktijk kunt toepassen, celdeler of niet.

## ÓF JE HET MOET LEZEN?

Goeie vraag.

- Ben je bedrijfskundestudent of ondernemer en wil je het hele celdelingprincipe in zijn geheel begrijpen of toepassen? Ja, dan kun je niet zonder. (Het is dan het handigst om het boek van voor naar achter te lezen, letterlijk van A tot Z, dus.)

- Ben je manager of ondernemer en wil je je effectiviteit vergroten? Ga er dan lekker in grasduinen. Grote kans dat je een idee oppakt dat je gaat toepassen, waardoor je de aanschafprijs er waarschijnlijk duizendvoudig uithaalt. Je kunt het boekje natuurlijk ook zien te lenen van iemand, dan ben je nog beter uit. Ja, dat is pas echt spekkopen!

- Ben je oud BSO'er of Origin'al? Ja, dan moet je het wel lezen, om nostalgische redenen en omdat er menigeen in voorkomt die je vast nog wel kent.

- Ben je puur huisvrouw of huisman? Dan is het leuk om er in te bladeren en te zien waar al die baasjes zich zo vreselijk druk over maken of waarom je eigen partner altijd met zoveel huiswerk thuis komt. En het is zo geschreven dat je soms ook flink kunt lachen.

# ACHTERGROND

## VOOR WIE NOG NOOIT VAN ECKART WINTZEN HEEFT GEHOORD

Stomme titel natuurlijk. Het merendeel van de Nederlanders heeft nog nooit van mij of van BSO gehoord. Alleen ondernemers en mensen uit het bedrijfsleven maken een redelijke kans. Zeker als ze boven de veertig zijn. Daarom toch maar even een beetje achtergrondverhaal.

Als gesjeesd (corpsbal) wiskundestudent heb ik flink wat omzwervingen gemaakt. Eerst als reserveofficier in militaire dienst bij de veldartillerie, vervolgens mijn eerste echte baan als 'assistent bijzondere toepassingen' bij Philips Computer Industrie. Daarna twee jaar als projectleider bij ESA, het Europese ruimteonderzoek. Natuurlijk heb ik waanzinnig veel geleerd bij al die baantjes over organisatie en afdelingen en ook over computers en programmeren. Waarvoor zeer mijn dank! Maar er vielen mij ook veel dingen op die mijns inziens anders moesten. Mijn commentaar daar op werd mij meestal niet in dank afgenomen.
Na bijna tien jaar van kleine frustraties in grote organisaties werd het tijd het kleine bedrijfsleven uit te proberen. Zo vond ik mijn eerste baan als baasje van het piepkleine 4 man tellende Computer Enterprises in Zwitserland, dochter van een Engels moederbedrijf dat wel honderd man in dienst had.
De Zwitsers, die gek op vergunningen en formulieren zijn, vonden op een gegeven moment dat mijn 'Aufenthaltsgenehmigung' niet de goeie zegels en stempels had en gooiden mij na bijna drie jaar het land uit. Maar ik had wel lekker verdiend en als medeaandeelhouder van mijn wel erg snel groeiende bedrijfje zelfs een paar echte grote flappen. Dus werd het tijd om eens wat van de wereld te zien. Het werd een fantastisch jaar met omzwervingen door Afrika, het Midden Oosten en Zuid Amerika, waar ik ook bij authentieke

indianenstammen heb mogen rondlopen.
Enfin, toen de poet op was moest ik weer aan de bak, ditmaal bij de Duitse tak van GTE (General Telephone). Ook daar werd mij al snel (een half jaar) vriendelijk verzocht het bedrijf te verlaten. Na klein protest en flink wat zeuren kreeg ik de aanbieding om de Nederlandse tak van dat bedrijf op te zetten. Joepie!

We begonnen in mijn flat in Rijswijk en groeiden binnen twee jaar uit tot een dozijn medewerkers. Ja en toen kwam dat telefoontje van mijn baas uit Brussel dat GTE Europa zou worden opgeheven. Dus of ik de zooi maar wilde verkopen of liquideren. Lang verhaal kort: ik heb het bedrijf mogen kopen voor een tientje. Mits ik met bankgaranties (drieëneenhalve ton) kon aantonen dat ik het verlieslatende bedrijfje minstens een half jaar in leven kon houden. Dankzij Frank Legroux, mijn baas uit de Computer Enterprises-tijd, kon ik die garantie regelen en werd ik de trotse eigenaar van het twaalfkoppige bedrijf, dat ik meteen omdoopte in BSO (Bureau voor Systeem Ontwikkeling).
Dit BSO had na twee jaar meer dan 30 medewerkers in dienst. Toen werd het tijd om na te denken hoe je zoiets moet managen, zeker als je nog nooit een managementboek in handen hebt gehad.
Enfin, hoe we dat hebben opgelost staat in dit boek.

Doelstelling BSO/ORIGIN

De basisdoelstelling van BSO/ORIGIN is het leveren van hoogwaardige diensten aan bedrijfsleven en overheid ter ondersteuning van de opdrachtgever bij de introductie van nieuwe technologieën in de breedste zin van het woord.

De vormen waarin deze ondersteuning wordt verleend zijn: advies, management, ontwikkeling, implementatie, opleiding en training.

Het streven is er hierbij op gericht de meest professionele en kwalitatief meest hoogstaande dienstverlener in dit marktsegment te zijn. Zowel vanuit het gezichtspunt van de potentiële opdrachtgever (extern), als vanuit het gezichtspunt van de medewerker (intern), en wel zo dat deze laatste door positieve identificatie met enthousiasme en volle inzet voor het bedrijf wil werken.

BSO/ORIGIN wil deze doelstelling realiseren op een financieel dusdanig gezonde basis dat de continuïteit van het bedrijf nimmer in gevaar komt.

2

# OPRICHTINGEN

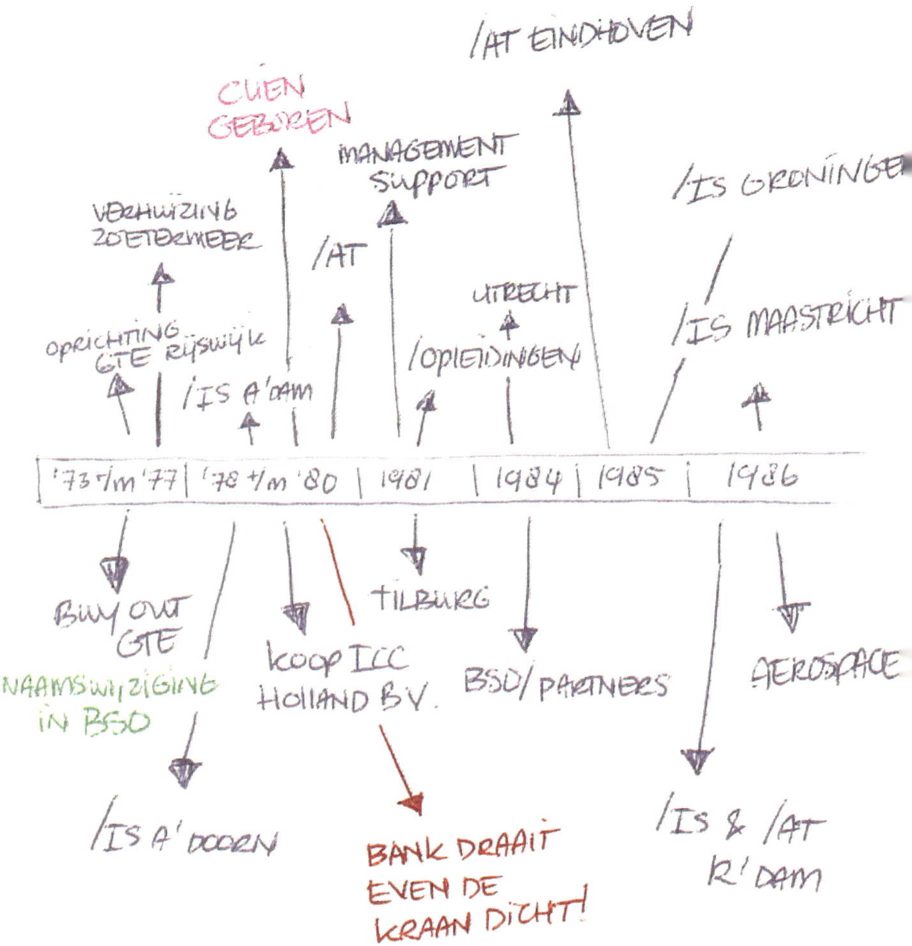

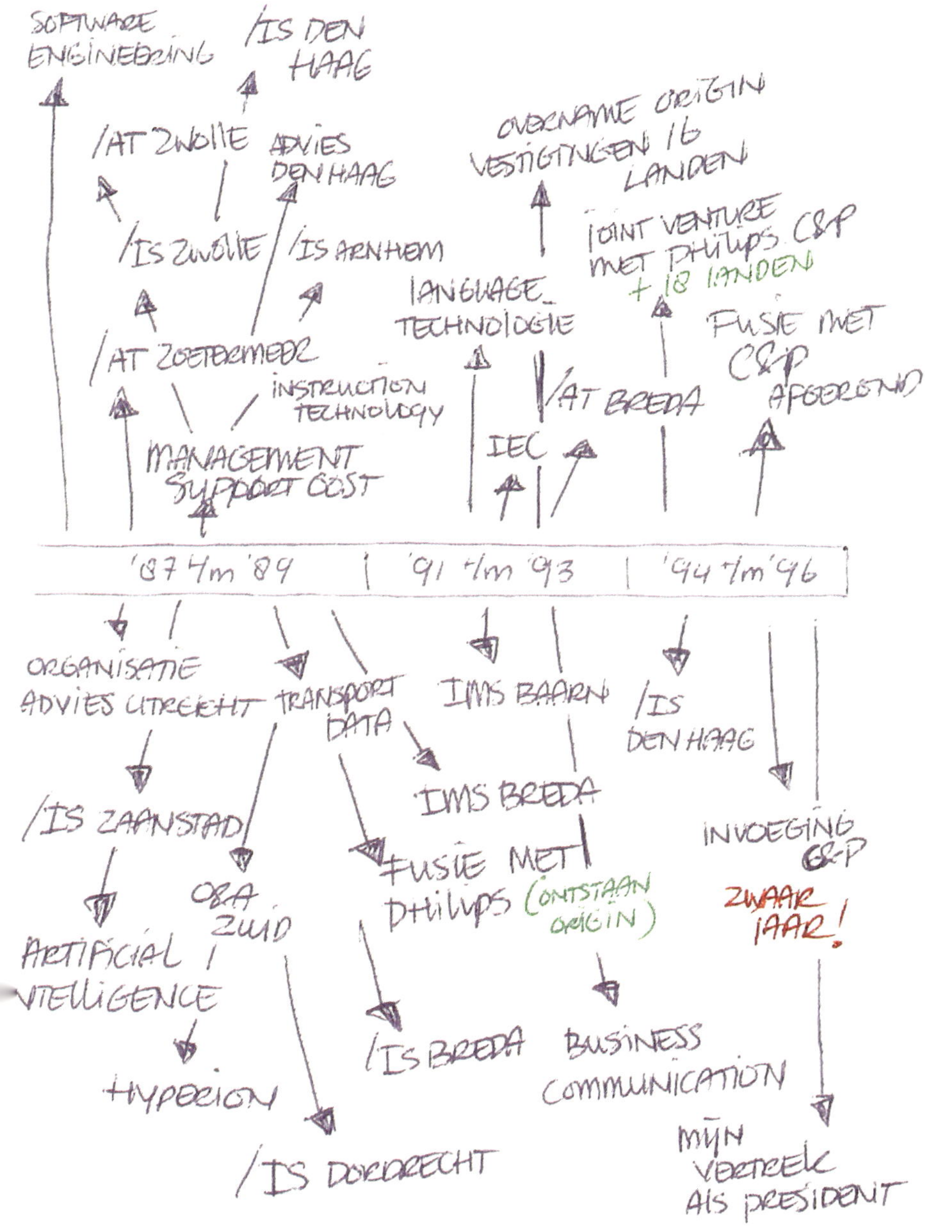

SOFTWARE ENGINEERING
/IS DEN HAAG
/AT ZWOLLE
ADVIES DEN HAAG
OVERNAME ORIGIN VESTIGINGEN 16 LANDEN
/IS ZWOLLE
/IS ARNHEM
JOINT VENTURE MET PHILIPS C&P
+ 18 LANDEN
LANGUAGE TECHNOLOGIE
FUSIE MET C&P AFGEROND
/AT ZOETERMEER
INSTRUCTION TECHNOLOGY
/AT BREDA
IEC
MANAGEMENT SUPPORT COST
'87 t/m '89
'91 t/m '93
'94 t/m '96
ORGANISATIE ADVIES UTRECHT
TRANSPORT DATA
IMS BAARN
/IS DEN HAAG
IMS BREDA
/IS ZAANSTAD
INVOEGING C&P
FUSIE MET PHILIPS (ONTSTAAN ORIGIN)
OBA ZUID
ZWAAR JAAR!
ARTIFICIAL INTELLIGENCE
/IS BREDA
BUSINESS COMMUNICATION
HYPERION
MIJN VERTREK ALS PRESIDENT
/IS DORDRECHT

# BELANGRIJK

## WEL EVEN LEZEN!

"Pieter Berger op lijn twee", zegt Annelies. "Geef maar door", zeg ik met een grote smile. Pieter is directeur van Van Lanschot Den Haag, dezelfde man die mij drie jaar geleden bij de start van BSO geholpen heeft met een bankgarantie van drieëneenhalve ton. Vriend voor het leven, dus.

"Zeg Eckart, ik heb slecht nieuws voor je,", zegt hij, "de salarissen gaan er niet uit deze maand." Ik voel geen bloed meer naar mijn hoofd gaan en krijg het afwisselend warm en koud. Tsjiessus, wat een ramp! Als ze dáár lucht van krijgen bij Volmac of de pers, dat wij een geldprobleem hebben, maken ze gehakt van ons!

Met ketchup!

"Maar, hallóóóó, Pieter, we maken toch winst?! Oké, het is niet veel, maar toch al heel steady iedere maand weer, sinds bijna een twee jaar inmiddels."

"Dat kan wel zijn Eckart, maar met je eigen vermogen van acht ton en een vreemd vermogen van vijf miljoen, ben je gewoon niet meer bankabel. Je balanspositie is gewoon te zwak."

Ik zit nog zeker een kwartier verslagen voor mij uit te staren.

Hoe gaan we dit in godsnaam oplossen? 'Balans te zwak' , wat heeft dat er nou weer mee te maken? Ik heb sinds de oprichting van het bedrijf alleen heel scherp mijn verlies-en-winstrekening in de gaten gehouden maar 'de balans'...

Balansen zijn voor pennenlikkers en bonentellers, vond ik altijd, en nu blijkt dat ineens de ondergang van mijn bedrijf. Een salarispost voor 250 man, dat is bijna een miljoen, dat fiets ik niet zomaar even bij elkaar. SHIT MAN!

Diezelfde avond zit ik met Kees en Enno, mijn commissarissen, in een restaurant om de noodsituatie te bespreken. Vooral het feit dat mijn held uit het echte grote zakenleven, Kees van Lede, zorgelijk

blijft kijken, stemt mij niet vrolijk. We besluiten dat ik binnen een maand twee miljoen achtergestelde lening moet zoeken bij de NPM of een andere participant. Na de maaltijd zien we af van onze gebruikelijke Calvados Hors d'Age, want te duur.
De volgende dag krijg ik in een bezoekje aan Pieter voor elkaar dat hij nog één keer zijn hand over zijn hart strijkt en tegen de zeer strenge regels van zijn bank in, de salarissen zal overmaken. Ik stel mij daarbij persoonlijk garant dat ik binnen een maand het geld zal vinden. Een garantie waarvan wij beiden weten dat ik bij lange na niet 'goed' ben voor dat bedrag. Bij het afscheid kijkt Pieter mij indringend aan met een blik die zegt: "En je laat me niet in de steek, vriend!" Ik geef hem mijn woord, voor wat het waard is.

De dagen daarna zie ik nauwelijks mijn bed. Ik schrijf mijn vingers blauw, maak prognoses en grafiekjes, pluk foto's uit het archief en flans op die manier een soort brochure in elkaar voor investeerders. Annelies draait ook op volle toeren mee en na drie dagen en nachten zwoegen is het document klaar en kan ik op weg naar investeerders. NPM, Gilde Venture fonds, Aegon, Sjeik Mohammed Bin Rashid in Dubai, je kunt het zo gek niet bedenken of ze staan op de lijst. Enfin ik zal je hier niet vervelen met verdere details, behalve nog een heel benauwd moment. Door toeval kwam ik in die weken ook de directeur tegen van de Rabobank van mijn aanpalende dorp. "Jullie zijn toch zo zelfstandig?" zeg ik. "Mag jij ook zelf over een krediet van twee miljoen beslissen?"
" Tuurlijk", zegt hij.
De volgende dag bezorg ik persoonlijk mijn met bloed zweet en tranen gemaakte brochure. Twee dagen later krijg ik een telefoontje van de Heer Sonnenschein (ik zal die naam nooit meer vergeten), Raad van Bestuur van Van Lanschot. Of ik ogenblikkelijk naar Den Bosch wil komen. Hm, dat klinkt helemáál niet goed. Nou, dat is het dan ook niet! Krijg ik mij toch de jas uitgeveegd dat mijn bedrijf absoluut niet bankabel is en dat ik al tegen alle regels in krediet

heb gekregen van zijn bank, en dat ik nu bij andere banken loop te leuren in plaats van een serieuze investeerder te zoeken!
Fuk, denk ik, hoe weet híj dat nou? Niet alleen wéét hij het, mijn eigen aanvrage aan de RABO ligt op zijn bureau! Was ik even vergeten dat Van Lanschot een dochter van de RABO was! Het zweet breekt mij aan alle kanten uit. Ik zie de krantenkoppen al voor ogen: "Bank draait kraan dicht bij BSO."
Enfin het is allemaal toch nog goed gekomen. Het toeval wilde dat we die zelfde week twee grote opdrachten binnenkregen, een van Shell en een van Philips en dat Pieter Schwencke van de NPM zelf ook zo'n situatie aan den lijve had meegemaakt en ons wel uit de prut wilde helpen.

Zo kunnen BSO'ers menig kampvuuravondje vullen met dit soort verhalen.
Zoals over die ruzie met die klant en hoe ik de kou een beetje uit de lucht probeerde te halen door tegen hun baas te zeggen: "Goed gedaan ventje." Even vergetend dat hij nogal klein van stuk was. We kregen toen 25 man bijna op staande voet terug.
Over hoe we na vijf jaar succes een slecht half jaar hadden en ik het bedrijf bijna voor 2 miljoen verkwanseld had.
Over die keer dat we gebluft hadden tegen die Philips-baas in Apeldoorn dat we niet met de prijs voor onze mensen zouden zakken. Dat hij toen met een enorm gevoel voor drama de onderhandelingskamer binnen kwam met de opzegbrief in de hand en de 14 door hem ingehuurde BSO'ers in zijn kielzog, klaar voor vertrek, koffertje in de hand.
Over de vele overmoedige en stomme overnames die we gedaan hebben en die ons heel veel tijd en geld en soms bijna de kop gekost hebben.

Moraal van deze verhalen?
De in dit boek beschreven filosofie was ongetwijfeld een belangrijke

sleutel tot ons succes, maar laat één ding heel duidelijk zijn: zonder dat geluksengeltje op m'n schouder waren we helemaal nergens geweest.

Zeker niet als we het van mijn tact en subtiliteit hadden moeten hebben!

## CAESAR, JULIUS

### HET MANAGEMENTMODEL DAT 2000 JAAR STAND HIELD

Toen ik na 5 jaar lorren en studentikoos drankmisbruik mijn kandidaatsexamen wiskunde nog steeds niet op zak had, vond Hare Majesteit het welletjes. Ze stuurde mij het in die tijd zeer gevreesde groene kaartje met de oproep om mee te helpen haar land te verdedigen. Na een geheel uit de hand gelopen feest dat tot ver voorbij zonsopgang duurde, werd ik door een vriendin, wier naam mij inmiddels is ontschoten, met een ernstige kegel nog net op tijd afgezet bij de poort van Artillerie Legerplaats Ossendrecht. Hier zou ik leren hoe wij met de uit de Tweede Wereldoorlog stammende '25 ponder' de communisten de stuipen op het lijf zouden jagen.
Achteraf is het superinteressant om te zien hoe het militaire systeem kans zag om zo'n 250 totaal onwillige rekruten zo ver te krijgen dat zij niet alleen binnen 6 weken op het kazerneterrein eng precies in de pas gingen marcheren. We leerden ook om met een verbluffende nauwkeurigheid met 6 kanonnen tegelijk op hetzelfde punt, meestal een reeds veel eerder aan flarden geschoten terreinwagen, te vuren.
Het Militaire Systeem is een organisatiemodel gebaseerd op dwang en angst. Als niet om 06.05 uur jouw - met behulp van een liniaal gevouwen - 'wolletje' precies midden op je bed ligt, dan 'zwaait er wat', bijvoorbeeld dat je het weekend niet terug mag naar je lorrende vrienden en vriendinnen.
En dat gaat allemaal ook nog eens 'onder de bezielende leiding' van (on)behoorlijk grof gebekte onderofficieren met een IQ van nauwelijks boven de honderd. Een systeem waar niemand ooit een seconde geacht wordt te begrijpen waarom er iets gebeurt zolang hij maar doet wat er gezegd wordt.
"Wachtmeester, waarom moet je bij tegenwind het vizier twee klikjes naar beneden stellen terwijl je juist zou verwachten dat de loop omhoog moet?"

"Omdat het zo in het handboek soldaat staat, Wintzen! Zijn er verder nog vragen?"
Voilà, het eeuwenoude model om grote aantallen mensen grote en complexe taken te laten uitvoeren: de taken worden opgesplitst in overzichtelijke deeltaken, waaraan ieder zijn bijdrage levert. Vaak met duidelijk voorgeschreven handelingen waarvan de diepere zin niet duidelijk is aan de uitvoeder.
Om dezelfde reden heeft het geen zin aan de installateur van je telefoon een vraag te stellen in de trant van "Als ik hier nou ook nog dit toestel aan hang, gaat dan boven nog steeds de bel over?"
"Daar ga ik niet over", is dan het geijkte antwoord. De man is opgeleid om het geel-groen gestreepte draadje op connector 16 te solderen. Maar hoe en waarom de schakeling dan werkt, is hem ook niet duidelijk. Het antwoord op dat soort vragen is één of twee echelons hoger te verkrijgen.
Geen wonder dat bij dit soort organisaties het werk vaak saai is en de dag lang duurt. Alleen door strikte procedures (zie aldaar) kan de taak punt voor punt worden afgewerkt en de output per medewerker worden gecontroleerd. Hoe groter het bedrijf, hoe heftiger het toezichtmechanisme is. In het leger gaat dat zelfs zo ver dat je, als je notoir sommige regels ontduikt, in de 'bedrijfseigen' gevangenis kunt eindigen. 'Zwaar arrest', heet dat dan. Ik heb er menig uurtje doorgebracht ☹. 
OK, bij het gemiddelde grote bedrijf zijn de maatregels niet zo heftig, maar de angst voor, bijvoorbeeld, 'geen promotie' is toch een fenomeen dat bijna iedereen die voor een bureaucratie werkt wel eens aan den lijve heeft ondervonden.
Daarom liggen angst om boven het maaiveld uit te steken of acties om 'in het gevlei te komen' bij de baas in dergelijke organisaties meer voor de hand dan de behoefte om werkelijk eens iets extra's voor de klant te doen. Of om de vijand (of concurrent) te verslaan.
Je hoort mij niet zeggen dat dit systeem niet werkt, dat blijkt bijvoorbeeld wel uit het verdere succes van BSO/Origin nadat het

celdelingprincipe door de nieuwe eigenaar, Philips, was afgeschaft. Waar dit boek over gaat, is de vraag hoe leuk het is om in het Caesariaanse model te werken [1] en hoe effectief dat model is in vergelijking met de celdelingfilosofie.

1) Lees meer hierover in 'Asterix als Gladiator', en 'Asterix in België' uit de serie Asterix en Obelix van Uderzo en Goscinny.

Toen ik na mijn diensttijd bij Philips ging werken, werd mij snel duidelijk hoezeer de modellen van het leger en dat van het bedrijfsleven op elkaar lijken.
Al na enkele weken werd ik door mijn Philips-baas op het matje geroepen. Met de prikklokoverzichten voor zich wees hij mij ernstig op het feit dat ik chronisch 5 tot 10 minuten te laat kwam. Toen ik mij verweerde met de opmerkingen dat ik ook meestal één à twee uur later wegging en dat ik het gevraagde rapport ruimschoots op tijd had opgeleverd, kreeg ik te horen dat dat niet van belang was voor dit gesprek...
"Huh?"
Ik kon kiezen of kabelen: op tijd komen of oprotten.
Een interessant leermoment waaruit duidelijk werd dat de conformiteit aan de regels belangrijker was dan de output.
Maar ook deze zelfde baas had zich aan regels te houden: toen hij mij anderhalf jaar later promoveerde van vakgroep 4 naar 4.2 en ik hem vroeg waarom ik niet naar vakgroep 5 gepromoveerd werd, was het antwoord: "Ja, dat zou ik graag doen maar ik mag je helaas niet meer dan één keer per 2 jaar een vakgroep omhoog brengen. Het kan wel, maar dan moet je ontslag nemen en dan weer bij mij solliciteren voor de baan die je nu hebt, dan kan ik je in vakgroep 5 zetten".
Je begrijpt dat ik alleen het eerste deel van zijn advies heb opgevolgd.

**Over Julius Caesar (100 – 44 v.Chr):**
Caesar staat in de geschiedenis te boek als een geniaal veldheer. Het is bekend hoe hij in korte tijd met zijn perfect georganiseerde leger met vele gespecialiseerde afdelingen grote gebieden zoals Gallië kon veroveren. Het was wel frappant dat het hem niet lukte om kleine fanatieke volksstammen, zoals de De Menapiërs in het latere Vlaanderen in zijn rijk in te lijven. Deze stammen gingen geen veldslagen aan maar voerden guerrilla vanuit hun bossen, vennen en moerassen, een samenraapsel van plaatselijke groepen die als boerengemeenschappen ver van elkaar leefden, en zelden gezamenlijk georganiseerd optraden. Het was voor Caesar met zijn grote leger dan ook praktisch onmogelijk om hen te bevechten.

UIT DE DOCUMENTATIE
VAN HET HISTORISCH
OPENLUCHT MUSEUM
EINDHOVEN

## CEL, DE

### DE GEBOORTE VAN DE EERSTE

"Ja, je krijgt nu een andere baan, Eckart" zei Kees van Lede toen we na twee jaar op een grootte van zo'n 35 medewerkers waren aanbeland. "Je zult nu managers moeten gaan managen." Kees was mijn iets jongere ex-huisgenoot, die inmiddels wél was afgestudeerd en in de directie zat van een groot bouwbedrijf. In de Raad van Bestuur dus. Ik vond dat een deftig woord. Kees was een echte bestuurder van een 'echt bedrijf' en ik kon dus veel van hem leren en hij was bereid commissaris bij ons te worden. De commissarissenvergaderingen waren uiterst informeel, temeer daar de andere commissaris, Enno Wiersma, ook een ex-huisgenootje was. Meestal een boterhammenlunch met een glaasje melk, waar veel gelachen werd maar waar ik door mijn vriendjes soms ook vermanend werd toegesproken. Over mijn gebrek aan formaliteit vooral. Ik heb dat wel goed in mijn oren geknoopt, maar later pas toegepast.

Kees kon dat nou wel zeggen, maar ik wilde helemaal geen andere baan. Ik hield van mijn informele 'familiebedrijf' met zijn biezenmatten vloerbedekking en Hema-stoeltjes, waarin wij - anders dan onze grote concurrenten - gemakkelijk goede professionals konden aantrekken. Onze klanten hielden van ons omdat iedereen toegewijd was en dus goed werk afleverde. Omdat je direct met 'de baas' kon praten en er dus binnen een paar uur beslissingen genomen konden worden. Bij ons werd er op vrijdagmiddag op kantoor een biertje gedronken en werden alle grote en kleine probleempjes besproken. Grote concurrent Volmac was veel formeler en veel stijver en *inflexibel,* zei men. Zo wilde ik het niet. Na Philips, ESA, en General Telephone was ik het zat om voor grote bedrijven te werken.
Maar ja, we bleven wel gestaag groeien en ik moest dus wel iets doen. "Waarom niet gewoon nóg een BSO opzetten?" bedacht ik.

Ziedaar: de geboorte van het fenomeen dat later *celdeling* of *celfilosofie* genoemd zou worden.

**HET IDEE WAS SIMPEL:** We splitsen het bestaande bedrijf in tweeën: de mensen en de markt. Dan krijg je twee volledig zelfstandige bedrijven naast elkaar. Een grote streep door de kaart van Nederland, alle bedrijven aan de andere kant van de lijn zijn voor BSO Oost en alle mensen die daar in de buurt wonen gaan op die loonlijst. De anderen blijven bij 'ons'. De meest ervaren projectleider wordt daar directeur en ik blijf hier. Vervolgens kunnen die twee cellen weer zelfstandig doorgroeien. (Lees verderop meer over het fenomeen celdeling in het desbetreffende hoofdstuk.)
De allerbelangrijkste gedachte voor de nieuwe cel is dat hij geheel onafhankelijk van de oude zal voortbestaan. Honderd procent gefinancierd door de oercel, maar verder moet hij zijn eigen broek ophouden.
Zelf nieuwe klanten en personeel zoeken, zelf kantoor inrichten, postbus aanvragen, telefooncentrale regelen, lease-auto's huren. Zelf de urenadministratie doen, facturen sturen en debiteuren innen. Kortom: echt helemaal zelfstandig en niemand om naar te wijzen als iets niet lukt. Alle problemen zijn automatisch van de categorie 'eigen schuld katapult'.

**DEZE EN IEDERE VOLGENDE CEL WERD EEN VOLWAARDIG ZELFSTANDIG PROFIT CENTRE**, verantwoordelijk voor de eigen winst en dus voor zowel zijn eigen inkomsten als de eigen uitgaven. In principe kan een celdirecteur voor mijn part dus prima besluiten dat hij een hoekkamer van 90 m² wil met een mega rozenhouten bureau, twee secretaresses en een butler. Alleen komt hij bij de budgettering snel tot de ontdekking dat hij dan het 'standaard' winstpercentage van 8% bruto op de omzet nooit zal halen. Natuurlijk kan hij om dat te compenseren een hoger uurtarief gaan vragen, maar al snel zal hij erachter komen dat hij dan ook tegen een pittige concurrentie oploopt. En dus zal leegloop (de niet verkochte uren van de professionals) het voordeel van zijn hogere uurtarief weer tenietdoen. De winst van de cel is de belangrijkste parameter waar de directeur op wordt afgerekend.

**DE CEL DOET ALLES ZELF,** dus ook zijn eigen personeelswerving. Bij personeelsgebrek valt er dus ook niet te schelden op 'de sukkels van HR die geen *beheurlijk* personeel kunnen vinden'.

**DUS ZO'N KERSVERS DIRECTEURTJE MOET DAT ZO MAAR ALLEMAAL KUNNEN?** Ook die personeelswerving? Moet hij dan superman zijn die van nature weet hoe je een personeelsadvertentie maakt, wat voor tekst je daarin zet, in welke bladen je adverteert, hoe je de voorselectie doet, hoe je interviewt en beoordeelt, hoe een aanstellingsbrief eruit ziet etc., etc.?
Het antwoord is om diverse redenen "Nee".

1 Omdat in dit concept alleen iemand tot celdirecteur benoemd wordt[1] die al een paar jaar bij het bedrijf meeloopt en die dus gezien heeft hoe alles gebeurt. Hiervoor zijn de maandelijkse informele bijeenkomsten ook zo handig[2]. Iedereen hoort wat er gaande is en pikt zo een boel kennis op. Ook heb je grote kans dat de nieuwe directeur daarvoor al een keer meegeholpen heeft bij een rekruteringscampagne.

2 Omdat iedere celdirecteur bij collega's om raad kan vragen, die - zo blijkt uit ervaring - graag gegeven wordt.

3 Omdat er veel standaardmateriaal is waar hij op terug kan vallen. Beter snel gejat dan lang gedacht.

Er zijn natuurlijk veel meer onderwerpen waar de kersverse

---

1) zie '**Directiebenoeming**, een kind kan de was doen'.

2) Over die informele bijeenkomsten lees je meer in '**Communicatie binnen de cel**, juf, mag ik het bord schoonmaken?'

directeur de ballen verstand van heeft. Hij gaat al doende op deze manier eerst door een flinke leercurve. In die tijd wordt hij hoofdzakelijk gecoacht door de cel waar hij van is afgesplitst. Trucjes om het beter te doen en kosteneffectiever worden zo snel geleerd. Anders dan in menig ander bedrijf is hier dus de personeelswerver kostenbewust, want die recruiter is de baas zelf. En die wordt immers eind van het jaar afgerekend op de winstgevendheid van de gehele cel!

**ZO'N DIRECTEUR KAN DAT NATUURLIJK OOK NIET ALLEMAAL IN Z'N EENTJE.** Hoe vind je nou een directeur die al die onderwerpen uiteindelijk ook in z'n eentje kan overzien? Niet, dus! Wij losten dat gedeeltelijk op door het aanstellen van een *technisch* directeur en een *commercieel* directeur. De een zorgde dat er op hoog niveau kennis was van het inhoudelijke werk. De ander zorgde voor het zo veel mogelijk binnenkomen en zo min mogelijk uitgeven van de centen. Al naar senioriteit werd een van de twee de eindverantwoordelijke, meestal de commerciële pief. Vergeet verder niet de bijna onuitputtelijke bron van professionals (onze consultants en programmeurs) die niets liever deden dan de directie helpen bij klusjes waar ze goed in zijn. Dit kon variëren van het uitzoeken van de geschikte telefooncentrale of overheadprojector (ja ja dat bestond toen nog) tot het regelen van de schoonmaak en postbus of even bij de gemeente langs voor parkeerplaatsen. Mensen die dat soort dingen graag en goed doen vind je in iedere organisatie. Belangrijkste bijdrage van die medewerkers was in ons geval trouwens de hulp bij de vele interviews van sollicitanten en ondersteuning bij het samenstellen van offertes.

Zo komt de zogenaamde leegloop nog gigantisch van pas. Iedereen die even niets te doen heeft is automatisch stagiair bij de directie en... wordt zodoende wellicht klaargestoomd voor zijn volgende carrièrestap, wie weet...

### HOE ZIET DE ORGANISATIE VAN EEN STANDAARD CEL ER UIT?

Ja, dat hangt natuurlijk af van de business waar je inzit. BSO's business was volgens het eigen missiestatement '... *het verlenen van diensten bij de invoering van nieuwe technologie...*'

We deden dat hetzij op projectbasis of - vaker nog - op uurbasis, 'uurtje factuurtje' zoals dat heette. De 'standaard'-cel bestond zodoende meestal uit de reeds eerder genoemde commercieel en technisch directeur, een directie-assistente annex manusje van alles, twee verkoopmanagers en twee fieldmanagers. En dan natuurlijk zo'n vijftig professionals van uiteenlopend niveau en kennispatroon, die het geld verdienden. Alles wat de cel écht niet zelf kon of redelijkerwijs bij een andere cel kon jatten, werd ingehuurd. De belangrijkste kostenpost was dan juridisch advies inzake contracten. De financiële en urenadministratie werd door het secretariaat gedaan met behulp van door de holding ter beschikking gestelde standaard software. Ook handig, want daardoor kunnen de gegevens in de holding gemakkelijk worden geconsolideerd.

Ja, natuurlijk zal bij iedere andere business zo'n cel er weer anders uitzien.

### MAAR OF JE NU EEN BANK RUNT OF EEN SCHOONMAAKBEDRIJF,

het maakt niet uit, meestal kun je met dit principe uit de voeten. Zolang iedere cel maar tot een volledig selfsupporting profit centre kan worden gemaakt. En dat kan bij verreweg de meeste soorten business. Als je maar bereid bent om je vastgeroeste gedachten over functieverdelingen uit het raam te mieteren. Na BSO was ik o.a. President Commissaris bij Hiltermann Lease, dat met minimaal startkapitaal dankzij celdeling Nederlands snelst groeiende en meest profitabele leasebedrijf werd. Na vijf jaar, toen Hiltermann werd overgenomen door Athlon, was er een wagenpark van 20.000 auto's.

Lees meer over andere toepassingen in het hoofdstuk **'Zonde, bij ons kan dit niet**, *zoek de parels'*.

## CEL, HET SLAPPE AFTREKSEL

### HOED U VOOR NAMAAK ☺

We kunnen dit kort houden: een cel is alleen een cel als hij zelf op de markt zijn eigen opdrachten binnenhaalt en zijn eigen organisatorische broek ophoudt, al zijn eigen zaken regelt en leeft naar de vaste standaards in de organisatie.
Een researchafdeling kan dus never nooit een cel zijn! Tenzij die afdeling z'n eigen stafdiensten vervult en de kost verdient op de open markt. Net zo min kan de logistieke afdeling van bijvoorbeeld de Bijenkorf een cel zijn, want die is volledig afhankelijk van zijn bedrijf als opdrachtgever. De vrachtafdeling van KLM daarentegen zou bijvoorbeeld wél een echte celorganisatie kunnen zijn. Tenminste, als deze 'cel' in de verschillende landen volledig zijn eigen acquisitie doet en niet terug hoeft te vallen op de logge stafafdelingen (juridische zaken, personeel, marketing etc. etc.) van het moederbedrijf.

Sowieso: wie niet een eigen winst-en-verliesrekening heeft, is per definitie geen cel!

## CELDELING

### EEN VERSLAVEND MENGSEL VAN PIJN EN VREUGDE

Dries van Agt gast in Haarlems debatcafé

hoofdgast uitgenodigd die een inleiding ... het publiek in debat gaat.

Hoofdgast op de eerste aflevering is oud minister presiden Dries van Agt. Hij op de situat Oosten e ropa en Verd

"Dag mijnheer Wintzen, ik herken u van de kranten", zei Dries van Agt toen hij de ruimte binnenkwam waar wij opnamen zouden maken ter gelegenheid van de opening van kantoor Eindhoven. "Ik u ook", zei ik nogal gevat (vond ik zelf). Vele bekende Nederlanders hebben bijgedragen aan evenzoveel openingen van nieuwe BSO-kantoren. Openingen waren aan de orde van de dag.

*Het lijkt wel een kettingbrief*, heb ik vaak horen zeggen over de celdeling. En dat klopt, het concept is in feite net zo explosief: als een cel boven de vijftig man groeit, moet hij beginnen te splitsen. Bij een omvang van 65 medewerkers moet de cel klaar zijn voor die splitsing. Na de splitsing zijn er dan twee cellen van ieder circa dertig man.

Bij BSO groeiden die dan meestal al na één à twee jaar weer uit tot de kritische omvang van vijftig man en moesten dan dus weer splitsen. Net wilde konijnen.

Er waren jaren dat ik tijd tekort kwam om alle nieuwe kantoren te openen. Over luxeproblemen gesproken!

### HOE GAAT ZO'N SPLITSING IN ZIJN WERK?

Tegen de tijd dat de splitsing voor de deur staat, begint de celdirecteur rond te kijken in zijn eigen cel naar wie er geschikt zou kunnen zijn om de afgesplitste cel te gaan leiden.[1] Als de kandidaat definitief is vastgesteld, begint het grote onderhandelen. De 'oude' baas gaat met de nieuwe man zitten om de buit te verdelen. Zij zullen nu allebei in het geografische gebied moeten opereren waarin de oude cel tot op heden het rijk alleen had. Samen trekken ze een zo eerlijk mogelijke grens door dat gebied, met evenveel bestaande en potentiële business aan iedere kant.

Vervolgens moet hetzelfde gebeuren met betrekking tot de medewerkers. Natuurlijk wordt er daarbij gelet op welke medewerker al bij een bepaalde klant zit om zo min mogelijk verstoring bij de bestaande projecten te laten optreden. Maar het eind van het liedje is - hoe dan ook - dat het bestaande medewerkersbestand tamelijk pijnlijk in twee helften gedeeld wordt. Daar zitten natuurlijk ook jarenlange 'buddy's' tussen, die niet uit elkaar willen. Die beginnen ook acuut te lobbyen bij de beide bazen om dat te verhinderen.

Maar het goede nieuws is dat er weer geheel nieuwe carrièrekansen ontstaan. Er moeten immers weer nieuwe commerciële en fieldmanagers worden benoemd en vol verwachting klopt ons hart of we tijdens dit proces even apart worden geroepen.

Als de twee teams op papier zijn bedacht en de beoogde stad voor de nieuwe locatie is vastgesteld, wordt – waarschijnlijk op een van de maandelijkse meetings - het plan ontvouwd. Wie gaat waar naartoe en bij welke klant. Wie wordt de nieuwe field manager etc. ...

Vreugde en tranen all over.

De nieuwe directeur gaat nu heftig aan de slag om zijn nieuwe cel 'klaar te stomen voor gebruik'. Kantoorruimte zoeken, huurcontract afsluiten, de nieuwe ruimte inrichten, vloerbedekking,

---

1) Zie ook het hoofdstuk '**Directie benoeming**, *een kind kan de was doen'*.

meubels, telefooncentrale, kopieermachines, telefoonlijnen bestellen, briefpapier regelen, secretariaat inrichten etc. Een maand of twee, drie later is de splitsing in alle opzichten een feit en moet het echte werk beginnen. De verkoop gaat op volle toeren draaien want we moeten natuurlijk zo snel mogelijk de oude collega's van de 'moedercel' eruit ploffen. Even voorstellen bij de bestaande klanten, personeelsadvertenties in de kranten, gesprekken met de overgestapte medewerkers en... er moet natuurlijk een 'grand opening' worden geregeld.

En, wie weet, misschien kunnen we Van Agt wel krijgen?

# CELDELING ACHTERAF

## BIJ EEN BESTAAND BEDRIJF ALSNOG CELLEN CREËREN

Met enige jaloezie keken computerbedrijven als Digital en ook IBM naar onze waanzinnig snelle groei in combinatie met ons commerciële en financiële succes. Jarenlang had ik tegen deze grote jongens opgekeken, je kunt dus begrijpen hoe trots ik was toen ik bij mijn afscheid van BSO/Origin kon vaststellen dat wij met 6000 medewerkers de grootste van Nederland waren geworden.

Vele gesprekken heb ik gevoerd met mannen als Pierre Hessler, destijds baas IBM Europa en Pier Carlo Falotti, idem van Digital Europa om te kijken in hoeverre ook zij gebruik konden maken van ons model. Waar zij vooral 'jaloers' op waren, was het feit dat onze cellen zich 'van nature' aanpasten aan de locale cultuur. Inderdaad, de Origin-cellen in bijvoorbeeld Brazilië (zie kader) zagen er qua structuur misschien anders uit (ja, in die landen heb je chauffeurs, koffiejongens en factuurbodes want in een land met een dag inflatie van 2% telt iedere minuut dat de factuur eerder binnen is) maar qua mentaliteit waren de Brazilianen minstens net zo fijn en fris als de Nederlanders.

Een cel moet onafhankelijk van de moeder zijn, dat is het basisprincipe. Dus als een bedrijf dat computers verkoopt zich met cellen wil organiseren, wat doe je dan met diensten als installatie, onderhoud, logistiek of software support, om er maar een paar te noemen? Gewoonlijk zijn dat enorme afdelingen bij deze bedrijven. En uiteindelijk zullen deze diensten toch ook bij alle leveranties meegeleverd moeten worden. Hier ligt dan de denkbarrière. Wat doe je daarmee?

De celdelingfilosofie is daar duidelijk over: maak dat de cel onafhankelijk blijft van Head Quarters en zorg dat alle cellen alle diensten zelf kunnen leveren. Dat betekent dus dat je soms enorme afdelingen moet opsplitsen en uitsmeren naar de cellen.

Ja, dat is een enorme ingreep, maar het eindresultaat is echt weer

een commercieel explosief mengsel. De klant wordt niet meer voor iedere andere vraag van het kastje naar de muur gestuurd, maar heeft één aanspreekpunt dat dus ook niet meer problemen kan afschuiven op andere – voor hem vaak anonieme – afdelingen. Nee, alles zit in een cel en die cel zal koste wat het kost zorgen het probleem van de klant op te lossen. De klant is immers zijn bestaansrecht en niet de baas of het hoofdkantoor zoals bij de meeste bedrijven! Dat betekent dat bij zo'n computerbedrijf de celgrootte wellicht (flink) boven de vijftig uit zou kunnen komen, maar de winst van de interne samenhang is enorm. Afgezien van de enorme voordelen voor de klant is het ook fijn voor het personeel, dat ineens veel intensiever in aanraking komt met de andere disciplines binnen het bedrijf.
Met zekerheid is de celfilosofie een fantastisch concept ook voor dit soort bedrijven maar het vraagt twee dingen:

1 Bereidheid om het 'oude afdelingsdenken' overboord te gooien en

2 de durf om hele afdelingen overhoop te gooien, op te splitsen en te distribueren over de cellen.

Ik heb dit ooit met Pier Carlo (van Digital) doorgerekend en we kwamen tot de conclusie dat er zo niet alleen een betere dienstverlening zou ontstaan, maar ook dat het financieel lucratiever zou zijn. Tot Pier Carlo verzuchtte: "Tsjeess, Eckart dat betekent dat ik al m'n stafafdelingen moet opbreken, maar die zijn nog erger dan het politbureau!"
Hij durfde het niet aan, dus. Als hij dat wél gedaan had zou het misschien anders afgelopen zijn met Digital…

"Eckart, ga zitten, dan zal ik je eerst een ochtendje bijpraten over dit land, dat bijna geen enkele Europeaan begrijpt". En zo kreeg ik twee uur na landing in Sao Paolo mijn eerste college 'Brazilië'. De praktijk zou mij er later nog veel meer geven.

Origin/Brazilië was een fantastisch voorbeeld van het achteraf invoeren van het celdelingprincipe.

We hadden daar vijf - alles bij elkaar 120 man tellende - automatiseringsafdelinkjes van Philips do Brasil overgenomen die als beginnetje dienden voor Origin/Brazilië. Karl Thieme die bij de overname bij een ander deel van Philips in Sao Paolo werkte, hoorde van ons model, werd verliefd, zag zijn kans schoon en vroeg overplaatsing naar het nieuwe Braziliaanse Origin.

Karl bleek een waar natuurtalent. Hij snapte het cellenconcept ogenblikkelijk en samen implementeerden we het bij de vijf afdelinkjes die we geërfd hadden: de eerste vijf cellen van Origin do Brasil waren geboren.

Maar oei, hier wachtte ons een nieuwe uitdaging. Als rechtgeaarde provinciaal was ik gewend om met gemak binnen één dag twee, drie, vier cellen af te rijden met mijn autootje. Hier kregen we te maken met geografische afstanden tussen de cellen van soms meer dan vier uur vliegen en een paar uur tijdverschil. Karl was een geboren leider maar belangrijker nog: hij begreep Brazilië, de geografie, de cultuur, de inflatie (2% per dag, soms!), de mentaliteit en de verschillen binnen in het land. En hij was bereid heel snel de volle verantwoordelijkheid aan relatief onervaren mensen te geven, maar dan op zo'n manier dat ze begrepen dat ze als ze het niet meer wisten altijd konden bellen. En, belangrijker nog, dat ze fouten mochten maken!

De belangrijkste sleutel tot het gigantische succes in dit

land lag in het feit dat direct na de fusie bij de kersverse cellen de navelstreng naar hun oude moeder Philips werd doorgesneden.
Plof! In een keer op eigen benen. De nieuwe Braziliaanse baasjes vonden het heerlijk, liepen de benen uit hun lijf, werkten dag en nacht en bleken natuurtalenten in het improviseren. Hè hè, eindelijk echt zelfstandig! Binnen drie jaar groeide Origin do Brasil uit tot 2000 man en na twee jaar wonnen zij al hun eerste grote outsourcing-contract, bij SHELL in Rio. Met een waarde van $60 miljoen als ik het mij goed herinner! De commerciële groeikracht was door de transformatie naar het celprincipe praktisch onstuitbaar geworden.

Nog een klein algemeen nawoordje: Hoe repetitiever de business is, hoe makkelijker de celdeling is toe te passen. Maar, gek genoeg, bij de grote repetitieve dienstverleners zijn er in de loop der tijden meestal allerlei soorten specialistische afdelingen ontstaan. En die vormen met z'n allen vaak een bijna niet stuk te krijgen 'politbureau'. Bedrijven die hoog op de lijst staan voor gemakkelijke celdeling zijn: alle dienstverleners, ook de financiële instellingen zoals banken (meer hierover onder '**Stafafdelingen**, *en de hardnekkigheid van macht*'), verkooporganisaties, zorginstellingen etc. Minder geschikt zijn fabrikanten van grote en complexe producten, zoals vliegtuigen, containerschepen, computers en dergelijke. Het verkoopapparaat van deze bedrijven kan uiteraard wél gesplitst worden.

# DE COACH MAG NIET AAN DE BAL ZITTEN

## HET VERSCHIL TUSSEN MANAGING EN COACHING

*Dit hoofdstuk gaat over de baas/coach; dus niet het type coach dat je vandaag de dag kunt inhuren voor de cursus 'beter managen door bewuster ademen' of 'leiding geven vanuit je stuitchakra'.*

Mijn vrienden bescheuren zich altijd als ik met metaforen uit de sportwereld kom, ik heb meestal geen clou waarom er nu weer een strafschop of corner wordt gegeven. Maar één ding weet ik toch tamelijk zeker: een coach staat nooit op het veld, die zit mega-zenuwachtig aan de kant de ene sigaret na de andere te roken.
Waarom? Omdat hij niet aan de bal mag zitten, zich niet met de live actie bemoeien. Dat 'niet aan de bal komen' is nu net het verschil tussen de zich coach noemende baas, die zich overal mee bemoeit en de 'verlichte', werkelijk coachende baas. Een coach helpt zijn pupillen alleen met advies, hij geeft geen orders, waarbij het verschil tussen een advies en een order is dat een advies niet uitgevoerd hoeft te worden. Het is slechts een suggestie van een oude wijze geit.
Een coach in de cellenorganisatie kan dus bijvoorbeeld niet over het hoofd van zijn pupil heen mensen aannemen of ontslaan of zeggen wát hij moet doen. Hij kan hem wel herinneren aan de doelstelling en wat de afgesproken kwaliteitsstandaards zijn. Verder deelt hij zijn ervaring en wijst hij op gevaren en mogelijkheden. Dat is alles. Iedereen, dus ook iedere manager, heeft recht om fouten te maken. Want dat zijn de echte leermomenten. Niet een door de baas voorgeschreven actie in de trant van "doe nu dit, want anders gebeurt er dat". Daar leert een mens geen moer van. Ga maar bij jezelf na: heb jij geleerd om bij het hameren heel voorzichtig die spijker vast te houden omdat je vader dat zei? Of omdat je een keer een fikse blauwe nagel gehaald hebt?

De goede managementcoach zal dus soms met kromme tenen zijn pupil iets zien doen, waarvan hij vindt dat het anders moet. En de 'ondergeschikte' zal alleen echt iets voor altijd leren als hij met dat 'ontzettend slimme plannetje' van hem toch ook soms de mist ingaat. Overigens zorgt het *anders doen* van de leerling er ook voor dat er soms belangrijke nieuwe wegen worden gevonden.
En er is nóg een punt waarop je de ouderwetse baas van de echte coach kunt onderscheiden: zodra je "zie je nou wel, dat had ik toch gezegd" hoort, weet je dat je met een onverlichte ouderwetse baas van doen hebt!

> Toen ons bedrijf groot werd en duizenden medewerkers had, werd ik vaker aangesproken door studievriendjes in de trant van "Zeg kerel, je hebt toch zo'n groot bedrijf, heb je daar niet een of ander leuk baantje voor me?" Mijn antwoord hierop was steevast: "Oh, vast wel, maar ik ga daar niet over. Er zijn maar vier mensen die ikzelf benoem, dat zijn mijn secretaresse en mijn drie leden van de RvB. Maar eh, feel free om bij een van de cellen te solliciteren."

## COMMUNICATIE, BINNEN DE CEL

### JUF, MAG IK HET BORD SCHOONMAKEN?

Onder het motto 'dan wordt het maar een zootje' vinden de meeste bazen dat zij hun kennis niet moeten delen met het 'personeel'. Let op de arrogantie van dit standpunt, dat ervan uitgaat dat een ieder die 'lager' is 'dus' ook onzorgvuldig met de gegevens zal omgaan. Geen wonder dan dat die medewerkers geen verantwoordelijkheid voelen en als ze eens wat opvangen daar dan ook niet zorgvuldig mee omgaan. Want je weet iets wat een ander niet weet en dat is spannend!

Kijk er nou eens anders naar. Als je nou juist wél je informatie deelt met je medewerkers en ze deelgenoot maakt van je zorgen, je overwegingen of je hoop. Dan pas voelen ze echte betrokkenheid, snappen vaak beter waar de knelpunten zitten, waar je op let of wat belangrijk is.

In een gezonde cel komt iedereen – zeg iedere eerste vrijdag van de maand – om 5 uur naar de vergaderruimte van kantoor. De celdirecteur praat het gezelschap bij over nieuwe medewerkers, gewonnen opdrachten, maar ook over tegenzittende projecten, medewerkers die weggaan, over leegloop of wat 'de Holding' nu weer voor nieuws bedacht heeft. Over welke offertes er hoopvol uitzien en hoe de vooruitzichten zijn voor de komende maand en al dat soort zaken meer. Daarna wordt er een drankje geschonken, een hapje of borrelnootje erbij en soms gaat het hele gezelschap daarna iets leuks doen, midgetgolfen of lekker uit eten of voor mijn part een partijtje ganzenborden. Daar is dan nog genoeg gelegenheid om met de baas, de projectleider of wie ook even te leuteren of een nadere toelichting te krijgen.

Iedereen is dan weer bijgepraat en weet wat er gaande is. Op die manier ontstaat er per definitie geen gossip meer, want iedereen weet 'het' al. Meteen ook gelegenheid voor iedereen om alle anderen weer eens te spreken of even op te lopen met die nieuwe collega, en hem een beetje de weg te wijzen. Er zijn bij BSO vele vriendschappen voor het leven op deze bijeenkomsten ontstaan.

Geen geheimzinnigdoenerij en geen gossip dus, met als extra cadeautje voor het bedrijf een ongekende betrokkenheid van de medewerkers. Iedereen ervaart openheid als prettig en voelt zich betutteld en klein gehouden als hij proeft dat er iets achtergehouden wordt.
Is die openheid dan niet gevaarlijk? Nou, eerlijk gezegd kan ik mij na 20 jaar BSO met deze attitude van kwetsbaarheid geen enkel serieus incident herinneren waarbij het delen van 'vertrouwelijke' informatie met onze mensen een issue was of schade aanrichtte. Integendeel!
Een mens is altijd graag bereid om mee te denken en te werken als je maar in vertrouwen wordt genomen.

Als je er maar bij hoort! En door bij te dragen hoor je er dubbel bij. Dat is een menselijke eigenschap. Het begint al op de basisschool: "Juf, mag ik het bord schoonmaken?" Wat is er nou vervelender dan een bord schoonmaken? Jakkie, ik kan me de meur en dat kleffe gevoel van die vieze lap nog herinneren. Maar als kind doe je dat om voor vol aangezien te worden. Ja, het is heerlijk om er volop bij te horen en er dan al je energie in te stoppen, dat geldt ook voor volwassenen!

Het is dan ook niet toevallig dat BSO jarenlang Nederlands leukste bedrijf was om voor te werken (zie 'De 49 beste bedrijven om voor te werken' van Henk Mulder, 1989).

POEH POEH

## COMMUNICATIE TUSSEN DE CELLEN

### IN DE ROOK VAN DE BARBECUE

Hoe zorg je nou dat er tussen al die zelfstandige cellen toch nog een zekere coherentie blijft?
Niet, dus, daar zorgen ze zelf voor!
Dat alle cellen op elkaar lijken en door de buitenwereld als onderdeel van een groter geheel worden gezien, komt in eerste instantie door het feit dat ze allemaal dezelfde missie uitvoeren, dezelfde naam en huisstijl hebben en omdat ze zich houden aan dezelfde standaard (zie aldaar). Vergeet niet dat iedere cel uit een oude cel is ontstaan en dus het DNA van de cultuur gekregen heeft via de medewerkers die uit de oude cel overkwamen.
Daarnaast is er natuurlijk de behoefte van binnenuit om een beetje contact te hebben en elkaar als echte collega's te zien.
Nou kijk, een traditionele organisatie die zoiets vaststelt zou dan direct een coördinatie- of communicatiecommissie of erger nog -afdeling in het leven roepen, die dan natuurlijk met prachtige rapporten komt, budgetten aanvraagt etc., etc.
Bij een echte cellenorganisatie gaat dat anders: die behoefte is er, dus komt er vanzelf wel een initiatief waar dan ook, ergens vandaan.
Zo stonden op een dag Ton Zeilstra en Hans van Diggelen voor mij met de vraag "*Zeg, Eck, zullen we niet eens een sportdag organiseren tussen alle cellen*?"
Zunigerd als ik ben was natuurlijk mijn eerste vraag "*Wat moet dat kosten*?"
"*Nou ik heb al een beetje rondgevraagd,*" zei Ton, "*en alle cellen willen meedoen*".
Iedereen zou een stukje van de organisatie doen en ik weet het bedrag niet meer maar de eerste sportdag zal niet meer dan een paar duizend euro gekost hebben. De organisatie werd geheel 'in eigen tijd' gedaan door een stel enthousiastelingen. Laddercompetities, toernooitjes, al naar gelang de desbetreffende sport. Families

mee, spelletjes voor de kinderen, tussen de wedstrijden door drankje drinken, noem maar op. Dan aan het eind van de dag met z'n allen lekker in de walm van de barbecue staan, prijsuitreiking met toespraakje door de baas en soms live muziek van de ad hoc samengestelde BSO band. 's Nachts om een uur of een moesten de laatste gasten naar huis gestuurd worden. Zo werd menig zomerse zaterdag op een of ander sportcomplex een dag vol van nieuwe contacten over en weer tussen alle cellen. De opkomst was, geloof het of niet, meestal ver boven de 80%!

Van hetzelfde laken een pak: de landelijke BSO Sinterklaasviering met de echte Sint en vele honderden persoonlijke pakjes. Op bestelling van de ouders werd er voor ieder kind een eigen cadeautje gekocht en ingepakt. Ook hier dankzij een spontaan initiatief, in dit geval van Ed en Yvonne Buining. Die feesten werden in Motel Bunnik gehouden, want lekker centraal. Mijn dochter Clien (ja diezelfde, die nu de vormgeving van dit boek gedaan heeft), heeft jaren geloofd dat de échte Sinterklaas in Motel Bunnik woonde.

Dat is allemaal een heel gedoe natuurlijk, alleen maar om de communicatie tussen de cellen te krijgen, maar het sfeertje op dat soort happenings was altijd fantastisch en de samenklontering navenant. Moraal van het verhaal: als je informele communicatie tussen de cellen wilt, moet je niet bang zijn om in de BBQ-rook te staan of bij Sinterklaas op schoot te eindigen. En de echte bonus: ook de partners raakten zeer betrokken en leerden van het bedrijf te houden.

## COMMUNICATIE MET DE CELLEN

### EN HET BROODJE PASTRAMI

Bij BSO hadden we na een jaar of vijf celdelingfilosofie al een ware kikkerdril aan cellen. Het zou natuurlijk naïef zijn te denken dat je alles zo maar op zijn beloop kunt laten. Ook al werken alle cellen keurig volgens de strikte standaards, er is toch behoefte aan communicatie met de holding.

Belangrijkste daarbij is natuurlijk de (maandelijkse) rapportage over en weer (zie aldaar), maar in dit hoofdstuk gaat het meer over het informele deel van de communicatie.

In die tijd van explosieve groei kwam ook het moment om het op een regenachtige zondagmiddag door mijzelf in elkaar geflanste logo te vervangen door een meer eigentijdse en vooral ook professionelere huisstijl. Je kunt zoiets natuurlijk gewoon doen en er dan een intern memo over sturen; maar dan ga je voorbij aan de emoties van zo'n verandering. Iedereen identificeert zich immers met de manier waarop je als bedrijf naar buiten treedt.

Dus werden alle celdirecties en secretariaten bij elkaar geroepen voor een presentatie van de nieuwe huisstijl. Hier werd uitgelegd waarom we overstapten. Het oude logo was niet subtiel genoeg, straalde niet echt uit wat we deden, liet zich slecht kopiëren, kon niet goed geïntegreerd worden in advertenties en briefpapier, etc. De ontwerper van het nieuwe logo was er ook bij om uit te leggen hoe hij tot deze vormgeving gekomen was. Iedere cel kreeg een handboek met exacte aanwijzingen over hoeveel millimeter er tussen dit randje en dat tekentje zit. Natuurlijk kreeg iedereen ook meteen zijn eigen visitekaartje, nieuwe stijl uitgereikt. Tot slot champagne met een taartje waarop de banketbakker het nieuwe logo had gekleid. Vanaf dat moment kon iedereen alle vragen van de buitenwacht, pers en eigen medewerkers beantwoorden over het hoe en waarom. En verder was het natuurlijk ook meteen weer een

moment om elkaar over van alles en nog wat te spreken.
Op diezelfde dag ging er natuurlijk ook een persmededeling uit en drie dagen later werden de eerste advertenties nieuwe stijl geplaatst. Zo was iedereen op tijd op de hoogte en voelde zich betrokken bij het geheel.
Dit is maar een voorbeeld van de vele manieren waarop er vanuit de holding gecommuniceerd kan worden. Een andere manier met een andere toepassing was bij ons de tweewekelijkse bedrijfskrant, 'BeSOgnes'. Geheel gevuld met ongecensureerde bijdragen van de medewerkers en op de eerste pagina de vaste column van mijzelf onder de titel 'Het hoofd spreekt'. Een prachtige plek om dagelijkse beslommeringen, waarnemingen en zorgen, liefst gekruid met wat humor of persoonlijke emoties met allen te delen[1].

Naast de meetings en de bedrijfskrant kun je als het over communicatie met de holding gaat, van alles en nog wat bedenken. Zo waren er directiebriefings en -weekends, persmededelingen, die een dag tevoren naar de vestigingen gingen. Verder was er ieder kwartaal een 20 minuten durend videojournaal (waar de stelregel was: we willen daar géén directie zien, alleen medewerkers). Maar soms was er ook behoefte aan heel direct contact. Toen we met alle genoemde soorten communicatie omkleed de fusie met Philips PASS bekend hadden gemaakt, bleven er toch vele vragen bij de medewerkers, alsook een gevoel van onrust. Toen besloten we om mij op 'tournee' alle vestigingen langs te laten gaan. Een ambitieus programma waarbij ik binnen twee maanden alle locaties een keer rond lunchtijd bezocht. Gewapend met een paar koffiekannen en twee manden broodjes pastrami, ontving ik iedereen die zich had opgegeven, voor een informele lunch in de vergaderkamer van die

1) Zie ook het later uitgegeven boek 'Het hoofd sprak' met de vijftig leukste columns.

vestiging. Ieder kon vragen wat hij wilde en daarbij rekenen op een eerlijk antwoord.
Openheid is de sleutel van alle communicatie naar de cellen. De cellen moeten het gevoel hebben dat ze niet ergens in een buitengewest de poet staan te verdienen voor de holding, maar dat ze er helemaal bij horen. Ieder middel om dat te bereiken moet naar mijn idee daarbij met beide handen worden aangegrepen.

Toppertje van alle methoden om met elkaar om te gaan waren bij ons de lange weekends voor het hele bedrijf, op locaties als CenterParcs. Maar ook menige Club Med hebben wij onveilig gemaakt door er met het voltallige personeel – met partners – neer te strijken. Bij de laatste keer dat we dat deden vlogen we met vier 727's in formatie maar Club Med Agadir, waar we de hele tent voor een week hadden afgehuurd.
Een fantastische manier om elkaar bij het zwembad, op de tennisbaan of bij het zeilen vanuit een heel andere hoek te leren kennen. Ook een fantastisch avondvullende muziek-show, geheel ingevuld door de verschillende vestigingen stond op het programma. Ik heb mij werkelijk traaaaanen gelachen.
Ik hoor de lezer al denken: jaaah, zo kan ik het ook, met zulke budgetten. Nou, dat valt dus dik mee, zal ik je zeggen. Ik meen dat het budget voor die uitjes zo'n 500,- euro pp was, dat is inclusief partner, zeg, 100,- euro per maand per medewerker. Vergeleken met de rest van het salaris van gemiddeld 3.000,- euro waren deze reserveringen dus wel te overzien. Onze salarissen waren conform (niet boven) de markt maar de goodwill en het enthousiasme die dit soort uitjes kweekte bij zowel de bestaande medewerkers als bij de aanname van nieuwe, was letterlijk onbetaalbaar.

En dat we bij het laatste uitje in Agadir massaal buiktyfus hebben opgelopen, dat heeft ons nog eens een miljoen aan verloren uren gekost. Maar geloof het of niet, die werden later geheel vrijwillig door iedereen weer ingehaald: dat is wat goodwill doet!

## COMMUNICATIE NAAR BUITEN. PR DUS

### NAAST DE PLATGETREDEN PADEN GROEIT HET SAPPIGE GRAS

"U denkt toch zeker niet dat Mijnheer Wintzen tijd heeft om zo maar een willekeurige journalist te woord te staan? Hij heeft wel wat anders te doen!", hoorde ik Marjan, onze kersverse uitzend-secretaresse door de telefoon tegen een NRC-redacteur zeggen. Marjan heeft daarna nog precies tien seconden voor ons gewerkt en mocht toen 'met de complimenten van de voltallige directie' weer terug naar haar uitzendbureau; iemand met en dergelijke arrogante communicatiestijl is niet meer te redden.

Van de vele taken die ik bij oprichting van het bedrijf had, bleven er bij de continue groei natuurlijk steeds minder over. Er is er één die ik tot het einde heb behouden: die van communicatie en PR. Oké, toegegeven, voor een groot deel omdat ik het leuk vind, maar er is een veel belangrijker reden.

De CEO, algemeen directeur, de bovenbaas, hoe je hem ook noemt, is uiteindelijk degene die de strategie, sfeer, de soul en de cultuur van het bedrijf bepaalt. Dan is hij ook degene die dat subtiele mengsel moet bewaken en uitdragen. En wie ooit het fenomeen 'woordvoerder' heeft uitgevonden, heeft echt helemaal geen bal van PR begrepen. Natuurlijk kan een CFO wel de cijfers toelichten en zo, maar als het over het hele bedrijf gaat, is er maar één die het woord kan voeren en dat is de baas.

Punt uit.

En dan nog zo'n misverstand. Dat is dat PR gelijk staat aan 'zorgen een beetje leuk in de pers te komen'. Het beeld dat een klant, sollicitant of medewerker zich vormt van een bedrijf wordt immers gemaakt door een waanzinnige veelheid van waarnemingen. Dat zijn naast de pers ook de reclamecampagnes, de gebouwen, de inrichting, de telefoniste, de receptie, de tuin, de jaarverslagen, het

logo en de huisstijl, de website, de lease-auto's en alle andere kleine contactmomenten. Zoals die verdomde directieparkeerplaatsen voor de deur en – onder het motto 'de klant is koning' - geen plek voor bezoekers. Ja inderdaad, ik heb mij altijd met al die 'onbelangrijke' dingen bemoeid.
Ken je dat gevoel, dat als je door een ongeïnteresseerde telefoniste eindeloos in de wacht wordt gezet? Dat je van het kastje naar de muur wordt gestuurd en ineens denkt: "Ach, val toch dood!" Op dat moment gooi je de telefoon er op.
Om nog maar te zwijgen van die irritante computergestuurde telefooncentrales. Zo'n irritatie kan net zo makkelijk iemand overkomen die net van plan was om wellicht een project van tien miljoen uit te besteden. Daarom heb ik mij dus ook altijd bemoeid met de selectie van receptionistes/telefonistes. En als het hen, heel menselijk, niet lukt om altijd lief, open en goedgehumeurd te zijn dan neem je er twee die elkaar afwisselen. Ik denk dat onze receptionistes Stance en Hennie ons over de jaren meer goodwill gebracht hebben dan we ooit bij elkaar hadden kunnen adverteren. Altijd vrolijk en vriendelijk en altijd hulpvaardig.
Dat waren nog eens 'woordvoerders'!

In een cellenorganisatie is deze 'corporate' communicatie overigens minstens even belangrijk als de communicatie binnen en tussen de cellen. Een gemiddelde BSO'er was apetrots op zijn bedrijf. Je kon de tevreden smile op zijn hoofd zien als hij bij familie of op partijtjes vertelde dat hij bij BSO werkte. Hij was trots op het imago van professionaliteit, creativiteit, en menselijke warmte. Zo'n beeld ontstaat niet vanzelf en zeker niet door over platgetreden paden te lopen.
Onze betaalde communicatie bestond eigenlijk hoofdzakelijk uit personeelsadvertenties, onze congressen (de 'Infoluties', waar tien jaar na dato nog over gepraat werd) en de jaarverslagen.
Het jaarverslag van een gemiddeld beursgenoteerd fonds krijgt,

denk ik, max. 75 seconden aandacht van zijn lezer. Je kent ze toch wel? Op pagina één een hoopgevend inleidend woord van de voorzitter (met portret) die 'vol vertrouwen de toekomst tegemoet' ziet. Op pagina 2 en 3 een duurbetaalde groepsfoto op 'leuke locatie' van de RvB met klein schetsje van wie is wie. Dan volgen de 'kerncijfers', om vervolgens over te stappen op de waanzinnig slaapverwekkende 'volledige cijfers', al dan niet gevolgd door prachtig gefotografeerde plaatjes van de producten of gebouwen. Als het bedrijf echt 'verlicht' is staat er ook zo hier en daar ook nog een fotootje van een wat lager directielid of misschien zelfs wel een gewone medewerker.

Het zal je niet verbazen dat ik voor een ander concept koos voor onze jaarverslagen. Die moesten nu juist dat bijzondere dat wij waren uitstralen. Het waren creaties die ieder jaar opnieuw de harten van onze doelgroep moesten veroveren.
Ieder jaar bijzonder, ieder jaar anders, ieder jaar door andere mensen gemaakt. In de loop der jaren hadden ze zo'n eigen plaats veroverd, dat de jongens uit het reclamewereldje over elkaar heen buitelden om het BSO-contract te veroveren.

Op een dag kwam Peter van Lindonk bij mij binnen lopen en zei "Eckart, ik heb het! We gaan dit jaar een kinderjaarverslag maken, een verslag, helemaal geschreven en geïllustreerd in kindersfeer."
"Whaaoow, bingo!" riep ik, even niet in staat tot veel meer.
Inderdaad, dit jaarverslag heeft met alleen maar lovende woorden álle Nederlandse kranten gehaald. Een fantastisch intelligent maar in kindertaal geschreven essay door Hugo Brandt Corstius over 'wat is nieuw?', beeldschone illustraties van kinderboekenmaakster Nance Post en het financiële stuk dat was dichtgeplakt met een sticker: 'niet leuk voor kinderen'.
We hebben er na de eerste 15.000 nog eens 30.000 bij moeten drukken. Een oplage waar menig Nederlands bestsellerauteur van

droomt. Er is nog jaren nagepraat over dit verslag, dat overigens ook nog een internationale boeken-prijs gewonnen heeft.

Maar ónze hoofdprijs was natuurlijk dat we voor een paar ton weer eens in heel Nederland ons imago van professionaliteit, creativiteit en menselijke warmte in de pers hadden neergezet. En alle medewerkers, van welke cel dan ook, liepen weer heerlijk een jaartje, genietend van hun imago naast hun schoenen.

Welk bedrijf wil zo iets nou niet?

Ja 'willen' doet bijna ieder bedrijf dat, maar zolang communicatie en PR wordt afgewikkeld via drie à vier ambtelijke lagen in de marketingafdeling, zal het altijd stuk lopen op gebrek aan durf. Welke marketingmanager van KLM of ING zal een jaarverslag in kindertaal aan zijn RvB durven voorstellen? Niemand toch?

Jammer, want het kost niets extra en levert waanzinnig veel goodwill op.

PS OVER CORPORATE COMMUNICATIE
ZOU IK NOG EEN HEEL BOEK KUNNEN
VOL SCHRIJVEN EN ACH, MISSCHIEN
DOE IK DAT NOG WEL EEN KEER

## CONCURRENTIE, INTERNE

### FIJN HÈ?

Gaan die vestigingen in zo'n cellenstructuur dan niet met elkaar concurreren?
Ja natuurlijk, waanzinnig, soms!
En daar is ook helemaal niets mis mee.
Maandelijks leveren de vestigingen hun financiële administratie in bij de holding. Die consolideert deze gegevens en produceert de maandstaten. Dat zijn lijsten waar de scores van alle vestigingen naast elkaar worden weergegeven.
Bij ons werd op zo'n stuk of twintig parameters gescoord. Zaken als omzet, kosten en resultaten natuurlijk maar ook ratio's zoals directe/indirecte medewerkers, uitvalpercentages, gemiddeld uitstaande debiteurendagen, ziekte-uitval, verlies van productieve uren in vergaderingen, gemiddeld uurtarief, aantal onbetaalde garantie-uren en zo nog vele andere. Iedere celdirecteur kon zo checken hoe goed hij het deed ten opzichte van anderen.
Reken maar dat zoiets een enorme concurrentie oplevert!

Maar het is ook een bron van inspiratie. Jeetje, hoe kan John in Eindhoven nou met zo weinig overhead zoveel omzet maken? Of hoe flikt Jan in Rotterdam het om zo weinig uitval te hebben? Reken maar dat die jongens elkaar gaan bellen of elkaar op een lunch trakteren om uit te zoeken wat het geheim is.
Deze concurrentie of liever gezegd competitie is zeer lucratief.
Waar je natuurlijk wel voor moet uitkijken, is dat de concurrentie zich niet bij de klant gaat afspelen.
Om dat te voorkomen moet je het volgende begrijpen. Je kunt cellen splitsen op geografische basis of op inhoudelijke basis of beide. Als je splitst op grond van de geografie moet je hele duidelijke afspraken maken over de grenslijn. En als dat een keer niet zo makkelijk is, bijvoorbeeld wanneer een klant in twee regio's een

kantoor heeft, dan maken de naast elkaar gelegen cellen gewoon een deal. Heel simpel: die is voor jou en deze is voor mij. Wordt er inhoudelijk gesplitst, zoals bij ons in *technische* automatisering (AT) en *administratieve* automatisering (IS), dan doe je in principe hetzelfde, alleen dan op grond van technisch/inhoudelijke scheidslijnen. Er kunnen dus prima twee inhoudelijk verschillende cellen in een regio opereren, zolang ze maar bij een andere deur moeten zijn om bij hun opdrachtgever te komen.

De regels en afspraken moeten zo zijn geformuleerd dat het in principe nooit onduidelijk is welke potentiele opdracht bij welke cel hoort.

Lukt dat? Is zoiets altijd zo helder dat daar dus nooit ruzietjes over ontstaan?
Nee, natuurlijk niet, dat lukt je nooit!
Maar de volgende vraag is dan: moet je voor zo'n ruzietje het hele model overboord gooien? Nee, natuurlijk niet! Of ken jij soms een bedrijf waar er nooit conflictjes zijn? Wees blij dat het er hier over gaat wie die klant mag hebben, meestal gaat het in andere bedrijven over aanzienlijk onproductievere onderwerpen, zoals wie in welke kamer mag zitten of wie er naar die (totaal zinloze) vergadering in Londen mag, of zo. Bah!

## CONCURRENTIE, EXTERNE

### JA, HM, HUH?

Ja, wat moet ik hier nou opschrijven?
Het beste lijkt mij: *de concurrent heeft het nakijken.*
Flauwekul natuurlijk, wij hadden ook concurrenten die het fantastisch deden. Op een heel andere manier, maar ook zeker in zakelijke zin zeer succesvol.
Alleen anders!

Op een dag kreeg ik Joop van Oosterom, baasje van concurrent Volmac, op nogal hoge poten aan de lijn. "Zeg Eckart, dat is dus echt geen stijl, hè, we hebben toch een soort van gentleman's agreement dat we geen personeel van elkaar jatten en nou hoor ik dat een van mijn mannen naar jullie overgaat. Dat moet je niet doen hoor, dan krijg je problemen met mij!"
Joop en ik hadden eigenlijk best een goede relatie en we spraken elkaar regelmatig. Een relatie van wederzijds respect, ik in ieder geval had altijd groot respect voor hem.
"Joop", zei ik, "wij hebben twee verschillende bedrijven, jouw mensen lopen in een blauw pak, met keurige das. Bij jou is alles tot in de puntjes geregeld, jouw mensen zijn trots op jouw bedrijf, de mijne op het onze. Het overgrote deel van jouw medewerkers zou nooit bij mij willen werken. Omgekeerd voelen de mijne zich niet thuis bij jou. Laten we die paar spijtoptanten die toch liever bij de ander willen toch gewoon laten gaan!"

Uiteindelijk zijn Joop en ik altijd vrienden gebleven.

De harde cijfers:

Met dit managementmodel is ons bedrijf consistent bijna twintig jaar lang met 20 tot 25% jaarlijks gegroeid, qua omzet en qua winst. Van een eenmansbedrijf tot een multinational met vestigingen over de hele wereld en een half miljard euro omzet, 20 jaar later.
Oké, dat was dan wel na een fusie met Philips PASS, maar ook die fusie hadden we ten opzichte van onze concurrenten in de wacht gesleept dankzij onze managementstijl.

"Ja, je hebt makkelijk lullen, Eckart, maar het was wel een hele makkelijke tijd, toen."
Ja en nee.
Ja, het was een booming tijd toen, maar vergeet niet dat juist daarom er in het jaar van onze oprichting ook nog 600 branchegenoten werden opgericht en minstens evenveel per jaar alle jaren daarna. Fluitend van plezier hebben we zo duizenden concurrenten achter ons gelaten, tot we uiteindelijk nummer één van Nederland waren.
Ja, deze formule doet toch wel wat extra, om het maar voorzichtig uit te drukken.
Maar menig concurrent is op zijn manier ook groot geworden.

## DELEGEREN NAAR DE PLEK WAAR HET HOORT

### EN WAAROM ZO VEEL MENSEN TEN ONRECHTE DENKEN DAT ZE DAT KUNNEN

"Jaaah, gelukkig kan ik waanzinnig goed delegeren", hoor je kloeke baasjes op feesten en partijen zeggen. Zo'n uitspraak heeft iets ontzettend stoers over zich. Het betekent niet alleen dat je eigenlijk vreselijk belangrijk en druk bent, maar ook dat je over een lekkere dot competent personeel kunt beschikken aan wie je dat oh-zo-belangrijke werk kunt overlaten. Bingo, dus eigenlijk. Bewondering op alle vlakken.

Het is alleen wel interessant om diezelfde bestuurders te observeren als ze 's avonds om acht uur uit hun kantoor komen, met zo'n loodzware tas met huiswerk, waarvan ze overigens alleen het dragen wellicht hebben uitbesteed aan hun chauffeur. Thuis, na het eten worden dan die dossiers in de studeerkamer lekker 'doorgeakkerd'. *"Ssst, zachtjes kinderen, Pappa is aan het werk".* Pappa is even niet aan het delegeren.

En het treurige is waarschijnlijk dat diezelfde pappa ook nog eens de kinderen achter hun kont aanzit in zake hun huiswerk. Ook daar kan hij kennelijk niet de verantwoordelijkheid delegeren naar waar die hoort: namelijk bij de kinderen! Als je dat tegen hem zegt, zal hij dat ontkennen en beweren dat als hij er niet achteraan zat, de kids nooit hun werk zouden doen. Deze huiswerkparadox vind ik een prachtige metafoor.

Ouder checkt de schoolagenda's, deelt wellicht het werk voor die middag in, overhoort en stampt woordjes in. Geen wonder dat die kinderen nooit één draad verantwoordelijkheidsbesef ontwikkelen. Immers, zij worden getraind om het systeem te ontduiken. Hun ontzag en focus zijn geheel gericht op het controlemechanisme, de ouders. En dus niet op de langeretermijndoelstelling van gewoon dat lekkere gevoel hebben dat je je spulletjes voor elkaar hebt en waarschijnlijk wel over zult gaan. Met trots, want op eigen kracht. Zo'n kind met echte eigen verantwoordelijkheid kent geen angst.

Zo heb ik bij de start van mijn bedrijf ook met stijgende verbazing de directeur van het lokale ABN-kantoor geobserveerd. Hij was zeer eager om ons als klant naar binnen te hengelen en wilde ons ook graag het gevraagde krediet verstrekken. Het ging om een paar ton en onze business begon goed door te breken. Het bedrijf was winstgevend en we waren al door alle verplichte rituelen gegaan: balans, resultatenrekening, businessplan en prognoses, kortom de hele rimram netjes uitgetikt en ingeleverd.

"Hoeft alleen nog maar even door de kredietcommissie", zei hij toen.

Enfin, de ervaren lezer kan de uitslag al raden: het krediet werd afgewezen.

Afgewezen door mannen die niets van onze branche wisten, die 100 kilometer verderop werkten, die nog nooit bij ons op kantoor waren geweest, of met een klant of medewerker hadden gesproken. Mannen, die 'door de wol geverfd' waren (waarmee bedoeld wordt dat ze nu al 20 jaar op dezelfde stoel zitten), hadden in al hun wijsheid besloten dat BSO niet goed was.

Merkwaardig: aan deze lokale bankdirecteur was dus niet gedelegeerd met welke klanten in zijn regio hij in zee mocht gaan. Zijn oordeel speelde dus kennelijk geen doorslaggevende rol.

Jemig man, noem zo iemand dan ook niet directeur, maar als titel 'Jodocus eerste klas' of 'Hoofd doorgeefluik naar duffe commissies' op z'n kaartje.[1)]

---

1) Veel later hoorde ik overigens dat de commissie toen geen fiducie had in 'dienstverlenende bedrijven in de Informatica'. Ze vonden het een 'cowboybranche'.

Door in je bedrijf deze betuttelende 'check-check-dubbelcheck'-methode te hanteren bereik je twee zeer ongewenste effecten.
Ten eerste, stagnatie in ontwikkeling. Immers de risico-mijdende mannen die er baat bij hebben dat er geen 'ongelukken' gebeuren, die 's avonds terwijl de kinderen op de gang stil moeten zijn, die gigantische dossiers doorworstelen, die mannen, dus, die zullen hun bank nooit naar nieuwe business brengen.
Ten tweede, nodeloos werk en risico. Want die lokale bankdirecteur op de hoek, die zo graag nieuwe business wil, zal niet schromen om óók met een kredietaanvrage aan te komen dragen, die hij zelf afgewezen zou hebben omdat hij er geen goed gevoel bij heeft. Zijn doel is immers het verhogen van zijn balanstotaal maar het bijbehorende risico ligt bij de kredietcommissie.
Je bent het hoop ik met mij eens dat de hier beschreven algemeen aanvaarde methode én waanzinnig omslachtig is én niet bepaald een kweekschool voor bancair verantwoordelijkheidsgevoel.
"Maar zou zo'n lokale bankier, als hij zelf de kredieten beoordeelt dan niet toch een keer fors de fout ingaan?" vraagt de lezer zich af.
Ja, natuurlijk! Maar dat doet die verdomde kredietcommissie ook, toch? En dan heb ik het nog niet eens over de enorme hoeveelheid potentiële business, die door de schijtlaarzerij van zo'n commissie de mist in gaat.
Nee echt delegeren is iets anders. Letterlijk betekent delegeren *afstand doen van je rechten.* Delegeren is loslaten, dus. Niet alleen loslaten van de verantwoordelijkheid maar ook van je recht op invloed op het proces. Zodoende is de meest gemaakte fout bij 'pseudo-delegeren' het *over de schouder meekijken en meesturen.* En als een mens ergens gek van wordt, is het wel van 'meesturen'. Of vind jij het soms leuk als je achter het stuur zit dat de persoon naast je zich er voortdurend mee bemoeit?

**WAT JE DUS ZEKER NIET MOET DOEN ALS JE ECHT DELEGEERT:**

- Procedures (zie aldaar) maken, die een soort van fantasieloos keurslijf vormen waarbinnen de taak moet worden uitgevoerd.
- Je met het proces bemoeien in plaats van alleen te kijken naar het resultaat.
- Denken dat alleen de manier waarop jíj het gedaan zou hebben, de goede is.
- Er niet op vertrouwen dat het wel goed komt. Je hebt tenslotte gedelegeerd aan iemand die je vertrouwt, toch? Anders had je hem niet moeten nemen.

Ja, dat helemaal loslaten is wel supermoeilijk en ik heb er zelf soms ook enorme moeite mee (en dat kan menig medewerker beamen), maar het blijft verreweg de snelste en waarschijnlijk ook de goedkoopste methode om tot het beoogde resultaat te komen. Verder is het de beste methode om ware creativiteit te stimuleren. En trouwens, het is al eerder gezegd, iedereen heeft het recht om zijn eigen fouten[*] te maken. Dat heeft die kredietcommissie ook, die heeft er zelfs een speciaal fonds voor, meestal van honderden miljoenen!

---

[*] zie ook het hoofdstuk '**Fouten,** *bron van kwaliteit en creativiteit*'.

In het kader van 'delegeren naar waar de verantwoordelijkheid hoort' had één van onze vestigingen een voor die tijd groot conversieproject aangenomen. De projectleider die het project zou uitvoeren had het project doorgerekend en we konden het 'op onze slofjes' voor 4 ton uitvoeren. Althans, dat dacht hij. Het project werd dus voor die prijs plus wat 'contingency' aangenomen. Nou, dat hebben we geweten! Na een half jaar werd het duidelijk dat het geheel totaal verkeerd was ingeschat en zeker 1,2 miljoen zou gaan kosten. Enfin, er is met de klant gepraat hier en daar wat gewijzigd en uiteindelijk hebben we er minimaal 6 ton op toegelegd. "Onmiddellijk ontslaan, die man", was de reactie van de celdirecteur. Ik zeg tegen hem: "Ben jij gek, die man heeft ons 6 ton leergeld gekost. Die man is goud waard, die gaat nooit meer de mist in met z'n projecten!"
Iedereen heeft recht om zijn eigen fouten te maken, maar moet er dan wel naar durven kijken.

## DIRECTIEBENOEMING

### EEN KIND KAN DE WAS DOEN

Het kan heel hard gaan met celdeling. In piekjaren openden wij zo'n half dozijn nieuwe vestigingen. Waar haal je dan al die directeuren vandaan, die van de ene op de andere dag de volle verantwoordelijkheid over zo'n vestiging met 25 tot 30 man krijgen met de bedoeling om liefst binnen twee jaar weer op de volle sterkte van 65 man te zijn?

Dat is simpeler dan je denkt.

Om te beginnen zijn alle nieuw benoemde directeuren altijd eigen kweek. Een splitsing zie je ruimschoots van tevoren aankomen, voldoende tijd dus om alvast eens binnenscels rond te kijken.

Elders[1] hebben we al gezien dat iedere cel zijn eigen staffuncties zelf moet invullen. Met zo'n kleine bezetting past dat niet allemaal op het bordje van de directeur en zijn directe collega's. Dus wat gebeurt er: veel functies worden ad interim opgeknapt door de eerste de beste (letterlijk!) die even geen klus bij een klant heeft. Zodoende lopen er binnen de cel al snel flink wat mensen rond die al vaker geholpen hebben en al goed beginnen door te krijgen hoe het werkt. Als daar dan iemand tussen zit die ook nog een beetje commercieel talent heeft of gewoon lekker makkelijk met mensen is, dan ga je je eens in hem of haar verdiepen.

Het is daarbij ook helemaal niet gek om zo iemand die je op de korrel hebt alvast eens een paar maanden met de sales mee te laten lopen. Dan kun je al zien of je inschatting goed is. Of, en dat is zelfs waarschijnlijker, wil je een van je sales- of fieldmanagers in aanmerking laten komen voor de functie van directeur van de nieuwe cel.

---

[1] Zie hoofdstuk: '**Cel, de**, *de geboorte van de eerste*'.

Belangrijke uitgangspunten om te kwalificeren als nieuwe directeur zijn:

- Minstens drie jaar bij het bedrijf werken en de essentie van de celdelingfilosofie aan den lijve snappen. 'Lid van de familie' zijn, dus.
- Een goed vakman/-vrouw zijn en tegelijk generalist, dit laatste door al flink wat 'klusjes' gedaan te hebben voor de huidige celdirecteur.
- Van mensen houden en een dienstverlener in het diepst van zijn/haar hart zijn.
- Makkelijk en informeel met zijn mensen kunnen omgaan en het begin van charisma hebben.

Ja, zo'n lijst is natuurlijk totaal onvolledig en gekunsteld. Ik wil er eigenlijk alleen maar mee zeggen dat het werkelijk thuis zijn in het bedrijf veel belangrijker is dan alle soorten van management-cursussen of academische titels.
Nu kan ik hier een heel semi-wetenschappelijk verhaal ophangen over hoe je dit soort benoemingen succesvol doet. Maar de methode waar ik het meest in geloof is rondkijken op de maandelijkse meeting of een ander celfeestje en opletten op de mensen waar tijdens de borrel de meeste collega's omheen staan. Dat zijn de mensen waar je nader naar moet kijken.

Verder wil ik in dit hoofdstuk graag nog een tweede denkbarrière bespreken:
Vaak als ik hoorde van een nieuwe aanstaande benoeming, dacht ik bij mezelf: "*Willen jullie echt Karel benoemen? Jeetje joh, die man is nog zo nat achter de oren, daar moet je een teiltje bij houden.*" Dat is een heel natuurlijke gedachtegang, want de kandidaat heeft meestal ook nog niet eerder leiding gegeven, maar laat je daardoor niet misleiden.
Een mens is zo vreselijk flexibel en als je hem verantwoordelijkheid geeft, dan groeit hij daar meestal heel snel in. Kijk wat dat betreft

eens naar een jonge moeder, die eerst hartstikke zenuwachtig met het pasgeboren eerste kind omgaat en vaak bijna huilend de nieuwe verantwoordelijkheid niet aandurft. Drie maanden later is ze de trefzekere expert die met duizenden nieuwe situaties fantastisch kan omgaan.

Ja en mannen zijn soms ook flexibel ☺

Als ik het stukje zo terug lees, zie ik dat het allemaal zo lekker natuurlijk en gemakkelijk klinkt. 'Een kind kan inderdaad de was doen', lijkt het wel.

Maar je zit met dit toch soms ook goed mis. Ik herinner me de case van de kersverse directeur, die z'n net verworven zakelijke creditcard gebruikte voor bontjassen en dinertjes voor zijn vriendin.

Die heeft natuurlijk niet lang meer op die plek gezeten. Vertrouwen schenken is een enorme opsteker voor de medewerker, hij gaat er soms bijna van 'vliegen'. Maar soms, ja soms heb je van die mensen die het vertrouwen misbruiken. Die horen niet in ons systeem, die horen in geen enkel systeem.

## DUBBEL WERK, ANGST VOOR

### HET ONTSTAAN VAN EEN BUREAUCRATIE

Toen we zo'n mannetje of 500 groot waren zei Gerard O., een van de celdirecteuren: "*Zeg Eckart, we hebben nou alles bij elkaar bijna 500 leasewagens rond rijden. Wordt het niet eens tijd dat we een fleetmanager aanstellen? Dat gelazer over die lease-auto's begint ons, celdirecteuren, aardig de keel uit te hangen.*"
Als je niet uitkijkt, is dat de geboorte van de zoveelste stafdienst in een bureaucratie to be. Immers in plaats van 'wagenparkbeheer' kun je van alles en nog wat invullen uit het rijtje taken dat op het bureau van een baasje ligt. Populair om tot centrale stafdienst te verheffen zijn vooral taken waar de directeur in eerste instantie niet zo'n zin in heeft: incasso, urenadministratie, inkoop, contracten, personeelszaken. En ook het gezeik over carrièreontwikkeling, ontslag en afvloeiing, het gebouwenonderhoud en -beheer, het gelazer met de telecom-leveranciers, verzekeringengezeur, kortom allemaal kutklusjes die je beter bij het hoofdkantoor neer kunt leggen. De argumenten daarvoor zijn makkelijk gevonden: '*Het is efficiënter om het door specialisten te laten afhandelen. Als iedereen het zelf doet is het allemaal dubbel werk.*' Maar de belangrijkste reden wordt natuurlijk niet genoemd: '*Ik heb er eigenlijk geen zin in om het zelf te doen.*' In kantoortaal: '*Daar is mijn tijd te kostbaar voor.*'
En zo eindigt iedere bureaucratie met een tropisch oerwoud aan centralestafdiensten: afdeling HR, juridische zaken, debiteuren-administratie, algemene dienst, inkoop, logistiek, onderhoudszaken, klantenregistratie, strategische planning (ja hallo, dat moet de baas toch doen!?), niet te vergeten de afdeling wagenparkbeheer en natuurlijk als topscoorder de dramatisch groeiende afdeling klachtenafhandeling.

Maar laten we even wat dieper kijken naar hoe je zoiets kunt voorkomen, want één ding geef ik je op een briefje en dat is dat

directies en subdirecties van zo'n bedrijf enerzijds enorm balen van deze meestal totaal inflexibele stafafdelingen en anderzijds zelf die lemen laag van diensten in het leven hebben geroepen en er zo mogelijk voortdurend nog diensten aan toe willen voegen.
Hoe los je dat dan wel goed op?
Gaan we even terug naar de vraag om een fleetmanager. Die vraag wordt geboren uit twee frustraties. Ten eerste het gezeur van de medewerker over zijn auto, bij wie moet hij dat kwijt? Ten tweede de notie dat het gemiddelde leasecontract nog ondoorzichtiger is dan de ergste modderpoel en de leasebedrijven zich gedragen als de gemiddelde Siciliaanse paardenhandelaar uit de vorige eeuw.
Mijn oplossing was als volgt. "Gerard, weet je wat je doet? Zoek nou even nog een celdirecteur, een medewerker/lease-autorijder, een jurist die je vertrouwt en een afgevaardigde van het meest betrouwbare leasebedrijf. Sluit jezelf met die mensen op in een hok met voldoende broodjes en koffie en kom er pas uit als je een raamcontract hebt opgesteld dat ieder leasebedrijf dat zaken met ons wil doen moet ondertekenen. Zorg daarbij dat jij en je jurist zeker weten dat we voldoende beschermd zijn tegen snaakse leasetrucjes. Met dat ding in de hand kunnen we dan direct de bonafide leasebedrijven van de gewone scheiden. Hoeven we alleen nog maar het te besteden bedrag vast te stellen en kan de medewerker zijn auto uitzoeken tegen deze standaardvoorwaarden."
'Eitje', dus.

En wat te doen met de medewerker die loopt te zeuren over zijn auto, dat'ie niet voldoet aan wat hij had verwacht? Gewoon vertellen dat hij aan het werk moet en voor klachten doorsturen naar het leasebedrijf.

Op zo'n manier voorkom je het opzetten van de zoveelste stafdienst die uiteindelijk niet bijdraagt aan de winstgevendheid van het bedrijf, die zich bovendien heel belangrijk gaat voelen, allerlei autobeurzen

gaat aflopen, rapporten met wagenparkstrategieën gaat opstellen, een of meerdere beeldschone assistentes gaat aannemen en een wachtkamer heeft met glanzende autotijdschriften waar onze eigen mensen **ONZE** tijd zitten te verdoen omdat ze een beige bekleding hebben gekregen in plaats van een licht bruine, of omdat ze bij natelling geen 24 kleppen onder de motorkap hebben maar slechts 16.
Snap je een beetje wat ik bedoel? Zo ontzettend veel van dit soort stafdiensten zoeken hun eigen belangrijkheid en hebben de neiging om steeds groter te worden, terwijl ze aan de effectiviteit niets bijdragen. In tegendeel, ze zijn vaak ‘hangplek’ voor medewerkers die er even uit willen en zin hebben in een verzetje.
En zoals gezegd, het gaat meestal helemaal niet uit angst voor dubbel werk, het is meestal gewoon angst voor kutwerk.

### ANDER VOORBEELD

Niet alle gevallen van verlangen naar stafdiensten hebben deze oorsprong. Soms ligt er een eerlijk gevoelde behoefte aan efficiency aan ten grondslag. Voorbeeldje.
BSO had na verloop van tijd een paar duizend medewerkers, verdeeld over enkele tientallen werkmaatschappijen in Nederland. Neem nou het geval dat ‘Cel A’ voor een belangrijk project een specialisme nodig heeft, een soort kennis die waarschijnlijk wel in het bedrijf aanwezig is, maar je weet niet waar. Tamelijk voor de hand liggend en ook vaak aangedragen is de oplossing om een afdeling op te zetten die dat soort vragen kan beatwoorden. Zie daar de potentiële geboorte van een nieuwe centrale dienst met het fraaie bord bij de ingang van de afdeling

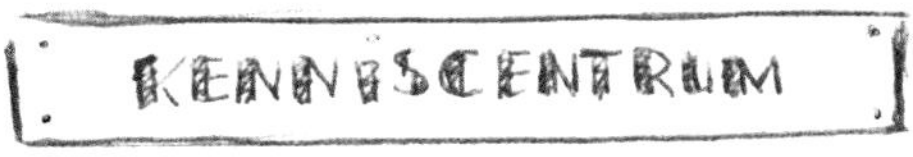


Natuurlijk moet deze dienst gerund worden door een ervaren consultant, die al langer meeloopt en dus weet welke soorten

kennis er zijn en hoe je zo iets moet categoriseren. Die consultant gaat uiteraard met behulp van een paar ijverige assistenten alle verschillende soorten kennis die in het bedrijf aanwezig zijn laten inkloppen in de database, waar je je aanvragen middels *het simpele invullen van een formuliertje* kwijt kunt.
Met *"Nee voor deze aanvraag moet je een Q-formulier invullen en niet een K-formulier, dat moet je inmiddels toch wel weten"* en meer van dat soort teksten als gevolg. De afdeling gaat natuurlijk welig tieren want we zitten immers in de kennis business.
Einde nachtmerrie.

Mijn oplossing was en is anders: Dit kenniscentrum nooit opzetten. Als 'Cel A' nou zo vreselijk hard een 'SAP-analist met mainframe-ervaring en gedegen kennis van internationale detailhandel' nodig heeft, dan zoekt-ie maar even. Een mailtje naar alle collega-directeuren zal snel genoeg iemand opleveren. Zeker wanneer je een 'leuk tariefje' in het vooruitzicht stelt. En als niemand de expert heeft, is het wellicht het juiste moment om er een op de markt te zoeken of de opdracht op een andere manier zo nodig zelfs met hulp van een concurrent in te vullen.
Voordeel van deze oplossing: die peperdure consultant met zijn ongetwijfeld zeer slimme assistenten, die de afdeling zouden gaan runnen, kunnen gewoon weer aan het werk en geld verdienen voor het bedrijf, en zodoende enkele tonnen opleveren in plaats van kosten. Alleen het baasje van Cel A heeft misschien even wat extra werk om zijn project goed in te vullen. En misschien leert hij zo ook om in het vervolg de samenstelling van zijn personeel evenwichtiger en meer gericht op zijn klanten te regelen en niet lekker gemakkelijk ff het kenniscentrum te bellen.
Veel vliegen in een klap, dus een natuurlijke groei van brede ervaring bij iedereen, veel geld in je zak houden, tijd sparen en voorkomen dat er weer een afdeling wordt opgezet, die straks nooit meer te killen is.

Wat wil je nog meer?

# EGO, HET

## EEN BLESSING IN DISGUISE

Anatomisch ben ik niet zo op de hoogte en ik weet dus niet zo precies waar dat fameuze ego nou eigenlijk zit in ons lichaam. Maar één ding is zeker, iedereen heeft het. En het is voor bijna iedereen tegelijkertijd een enorm sta in de weg naar dat zo felbegeerde 'geluk' als een drijfveer om naar grote hoogtes op te stijgen.
Ik heb het over het '*kijk mij nou eens*'-effect, dat 'wij mannetjes' bijna allemaal hebben: zo hoog mogelijk in de organisatie, zo belangrijk mogelijke titel op het visitekaartje, waarbij die virtuele hoogte vooral bereikt wordt doordat de anderen minder belangrijk zijn. Veel eelt op de ellebogen en slijtplekken op de zijkant van de schoenen van het vele ernaast lopen.
Nou kan je als eindverantwoordelijke twee dingen doen met dat ego van anderen: er vreselijk meewarig over doen met woorden als 'zielig' en 'onvolwassen', of eerst vaststellen dat je zelf ook niet bepaald ego-vrij bent en kijken of die energie ook positief kan worden ingezet. Dan is het tenminste nog ergens goed voor.
En hier komt de platte celorganisatie prima van pas.
Immers, bij de traditionele hiërarchie kun je 'boven' komen door door de rangen heen carrière te maken. Je moet de anderen voorbij, je collega's, je maten, dus. En dat kan eigenlijk alleen maar als je zogenaamd 'bikkelhard' bent. Althans dat is de algemene gedachtegang. In ons model zit dat anders.

Van het begin af aan heb ik zelf ervaren en ook geroepen dat als je veel mensen 'onder' je wilt hebben je succesvol moet zijn bij je klanten en zorgen dat het bedrijf dat je 'onder' je hebt dus groeit. Niet 'belangrijker' worden door te klimmen, maar door het stukje waar je verantwoordelijk voor bent te laten groeien door tevreden klanten en medewerkers.
Kijk, in dit concept lopen de belangen van de streber en het bedrijf

geheel parallel: veel tevreden klanten en tevreden medewerkers. Verder komt het celmodel ook prima tegemoet aan de behoefte aan een kaartje 'met uitstraling'. In Nederland alleen al, met 4000 medewerkers had BSO zo'n ruim honderd directeuren (2 per werkmaatschappij). En hoe word je directeur? Door veel tevreden klanten en doordat je collega's dol op je zijn[1]. En als je directeur bent, hoe word je dan nog 'belangrijker'? Door nog meer tevreden klanten en medewerkers. En als je cel te groot wordt, mag je splitsen en na een paar keer splitsen word je vanzelf regiodirecteur met een stuk of vijf cellen 'onder' je. Dan krijg je dus de heerlijke status van 'coach', de oude wijze geit, '*been there, done that*', die de jonge celdirecteuren begeleidt.
Ach het leven is zo simpel.

Als je de belangen van het ego maar parallel schakelt aan dat van het bedrijf is de stuwende kracht van het ego de grootste blessing in disguise.

[1] Zie ook het hoofdstuk '**Directiebenoeming**, *een kind kan de was doen'*.

## EGO, DE HINDERLIJKE KANT VAN HET

### HOE BLIND KUN JE WORDEN?

De stomste en meest ruïneuze bijkomstigheid van het allesoverheersende ego is het feit dat je je eigen fouten niet ziet en dat 'dus' alles wat er mis gaat per definitie iemand anders zijn schuld is. Of het wordt veroorzaakt door 'omstandigheden'.
Bij de fusie met Philips PASS kregen we natuurlijk flink wat oude getrouwe Philips-medewerkers in dienst. Wij - BSO - waren het leukste bedrijf om voor te werken, dat vonden we zelf en kregen we ook vaak bevestigd door de pers. Eigenlijk had ik zo'n beetje verwacht dat die Philips-mensen ons min of meer snikkend van geluk in de armen zouden vallen. Eindelijk konden ze nu voor een leuke baas werken. Ja echt, dat is wat ik dacht. Want wij waren fris en dynamisch en Philips was stoffig.
Ik was zo overtuigd van mijn of onze superioriteit dat ik eigenlijk helemaal geen aandacht besteedde aan het fusieproces. Gewoon 1000 blije mensen erbij, toch? Alle signalen die me bereikten over onvrede naast mij neerleggend onder het motto 'Ja sorry hoor, dat is echt hún probleem, als ze zich een beetje aanpassen komt het vanzelf goed!'
En zo heb ik het 'rottingsproces' ondanks waarschuwingen van mijn collega's maandenlang ongemoeid laten doorgaan.

Nou, dat heb ik geweten! Nog geen half jaar later waren de poppen aan het dansen. Grote verliezen in die vestigingen en een heuse opstand. Onze nieuwe collega's vonden ons helemaal niet leuk. Die baalden dat dingen die bij hen vroeger tot in de puntjes geregeld waren bij ons uit de losse pols gingen, dat ze niet wisten waar ze aan toe waren, dat ze ineens zonder inwerken voor de commerciële leeuwen geworpen werden.

En wat ze gelijk hadden!

Zonder enige begeleiding waren ze van de ene cultuur in de andere geworpen.
En ik maar denken 'ja, dat is hun eigen schuld ze hadden toch ook eerder bij ons kunnen komen werken?'
Ik weet zeker dat mijn ego met bijbehorende zelfoverschatting in deze zaak ons vele miljoenen gekost heeft en erger nog: flink wat mensen zeer ongelukkig heeft gemaakt.

Ego maakt soms meer kapot dan je lief is.

## FOUTEN, DE ZEGENING VAN

### BRON VAN KWALITEIT EN CREATIVITEIT

"Mijn kinderen hebben recht op een zekere mate van verwaarlozing", was een gevleugelde uitdrukking van Hettie B., moeder van drie jongens en een meisje. Ik ben het daar roerend mee eens. Wat ik bedoel - wat 'we' bedoelen - is dat een verwaarloosd kind soms stomme dingen doet maar daar enorm van leert.
Je kent ze wel, die moeders die bijna panisch roepen "Voorzichtig! Niet aankomen, is heet!" als hun kind in de buurt van het gasfornuis komt waar het eten op staat te pruttelen. Hoe moet dat kind dan ooit leren wat "heet" is en hoe dat voelt? Natuurlijk, net zoals die 'wijze' moeder dat geleerd heeft, door een keer niet naar zijn moeder te luisteren. Alleen door fouten te maken leer je echt. Gewoon een keer lekker je fikkers branden, dan weet je het voor altijd.
Je kunt kinderen, en ook medewerkers, volledig lam leggen door ze te beschermen tegen fouten. Wil je je mensen in je bedrijf laten doorgroeien tot zelfstandige en ervaren medewerkers, dan moeten ze ervaring opdoen. Behandel ze dan zoals je zelf behandeld wilt worden. Als je bijvoorbeeld de winstgevendheid van je bedrijf of afdeling wilt verbeteren, wil je daarbij echt niet dat je commissarissen of bazen de hele tijd over je schouder met je mee zitten te kijken? Toch?

Nee, je stelt jezelf een doel, dat je dit jaar nog wilt halen en gaat in alle hoeken en gaten kijken hoe je bijvoorbeeld de verkoopcijfers kunt verbeteren en tegelijkertijd de kosten drukken. Je gaat aan het werk, uitgaande van je ervaring en intuïtie. Zo lukte het Phil, de financieel zeer ervaren CEO van een van onze bedrijven, om binnen 6 maanden door bezuinigingen de winstgevendheid met meer dan honderd procent te verbeteren. Wat hij daarbij helaas over het hoofd had gezien, was dat daardoor bijna iedereen ongelukkig was geworden. De medewerkers waren zenuwachtig omdat er nogal

willekeurige ontslagen waren gevallen en de salarissen fors werden geknepen. De klanten waren ongelukkig omdat ze te maken hadden met oververmoeid en dus prikkelbaar personeel en omdat ze zelfs de simpelste service nog maar met moeite konden krijgen.
Erger nog was dat een ex-medewerker was begonnen om onder onze inmiddels ontevreden personeelsleden te werven, en ze vielen hem bijna letterlijk als rijpe peren in de schoot. Tot bij Phil, dankzij een alarm-mailtje van een oude getrouwe medewerkster, Michelle, ineens het licht aanging. Hij schakelde zijn eigen mensen in om te kijken wat er aan de hand was, waar de onvrede vandaan kwam. Vervolgens nam hij enkele van de ontslagen mensen weer in dienst en liet hen uitdokteren hoe het tij kon worden gekeerd. Na een paar weken was de vrede hersteld. Phil had gedurfd naar zijn eigen [illegible] fouten te kijken, ze te benoemen en waar nodig te herstellen, door bijvoorbeeld ontslagenen weer in dienst te nemen. Het zal Phil niet nog een keer gebeuren dat hij zo ongenuanceerd gaat saneren. Medewerkers leerden zelf te kijken naar efficiency en door samen even door de hel te gaan, waren ze nog meer aan elkaar gaan hechten.
En Phil was geliefder dan ooit, omdat hij openlijk zijn fouten had gezien en hersteld. Had hij zijn fout niet willen zien, dan was hij roemloos ten onder gegaan.

Ach, en zo heeft bijna iedere projectleider geleerd dat je bij een inschatting altijd kleine dingen over het hoofd ziet en dat als je geen ‘onvoorzien’ in de offerte inbouwt je financieel altijd op je bek gaat. Door veel – vaak erg dure – fouten te maken worden ervaren CEO’s, projectleiders en consultants geboren.
Wijsheid komt door ervaring en ervaring komt door fouten te maken (en te durven zien).

## GROEI EN HET CELPRINCIPE

### DE KIKKER ALS CEO

*"Lieve Mam, wat fantastisch dat je hier nog breed grijnzend en in volle gezond…".* Oh shit, verkeerde toespraak, dit briefje is voor de toespraak voor mijn moeder die tachtig wordt en niet voor de opening van BSO Den Haag waar ik nu sta.

Een van de allermooiste 'features' van het celmodel is wel de geheel automatische drang tot groei die er in zit. Zonder enige behoefte aan zwaarwichtige strategische directievergaderingen. Het gaat helemaal vanzelf, net zo vanzelf als bij iedere willekeurige voortplanting in de natuur. Na de 'geboorte' van zijn cel wil de kersvers benoemde celdirecteur zo snel mogelijk een zelfstandige en op eigen benen staande cel maken. Ja, *zo snel mogelijk,* want hij wil ook zijn oude baas wel eens een 'poepie laten ruiken'.

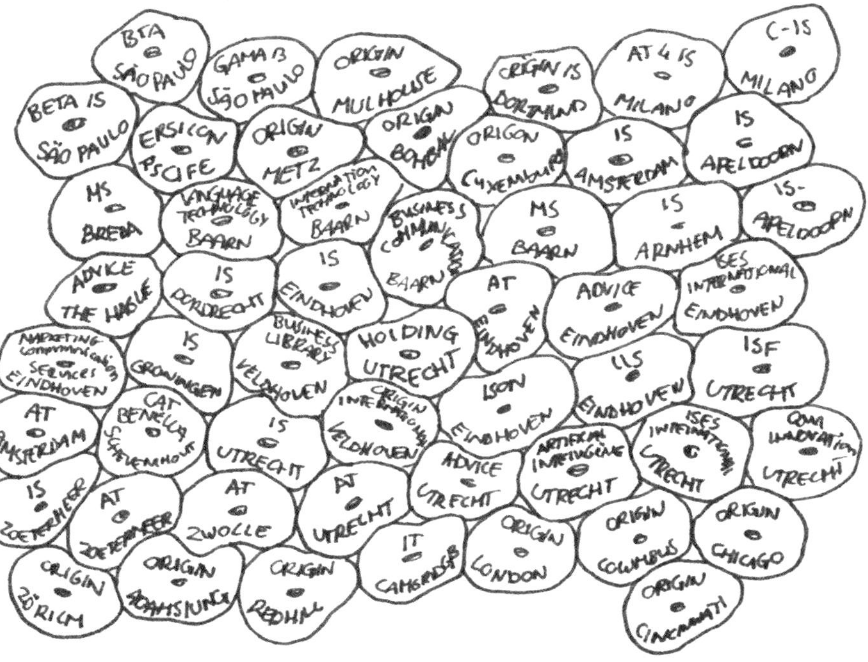

Vergeet niet dat de cel waaruit is afgesplitst ongeveer even groot is als de nieuw ontstane cel. De competitie die daaruit ontstaat, is dus niet het gevolg van zwaarlijvige strategische groeiplannen, geschreven door overbetaalde adviseurs, maar gewoon het gevolg van moeder natuur. Twee (meestal) mannen die een competitie aangaan. Ziehier de allergrootste zegening van het ego, waar we het in een vorig hoofdstuk over hadden.[1]

En zo kon het gebeuren dat ik een keer het verkeerde briefje uit m'n zak haalde voor de zoveelste opening van een nieuwe cel binnen een paar weken.

Hier hoeft inderdaad niets voor gepland te worden op deftige hoofdkantoren. Het is immers standaardregel dat als je boven de 50 man personeel komt, je gaat splitsen. En zo ontstaat er zonder dat iemand daar iets speciaals voor doet een ware kikkerdril. Net als in de echte natuur. En heb jij ooit een kikker een planning zien maken voor zijn dril?

---

1) Zie hoofddstuk '**Ego, het**, *een blessing in disguise*'.

## HOOFDKANTOOR, HET GEZWELLIGE

### EN HET GEVECHT TEGEN OVERHEAD

Oei, linke titel natuurlijk, aangezien ik twintig jaar als baasje van BSO Holding merendeels mijn tijd heb doorgebracht in een gebouw dat bij iedereen toch bekend stond als 'het Hoofdkantoor'. Overigens werd het merendeel van dat gebouw in beslag genomen door twee gezonde en winstgevende werkmaatschappijen, maar toch, dat pleitte mij niet bepaald vrij van de verdenking gewoon 'overhead' te zijn, temeer daar ik ook nog eens de grootste kamer had, de enige met balkon, ook dat nog!

Okay, okay, inderdaad, je hebt gelijk, dat van die grote kamer was echt niet nodig maar wel héél fijn (en er al ingemaakt door de bouwer, die in traditionele managementtermen dacht).

De kracht van het celconcept is - zoals we al zagen - dat de medewerkers de sfeer en de warmte ervaren van een familiebedrijfje, terwijl de buitenwereld een groter samenhangend geheel ziet, een '*brand*', een bedrijf met een heel duidelijke herkenbaarheid.

Nou, dat is nou precies wat de functie van het hoofdkantoor is binnen deze filosofie.

Op het hoofdkantoor worden de missie van het bedrijf en de standaards vastgelegd. Niet alleen de kwaliteitsstandaards van de operatie, maar ook standaards over hoe we met elkaar omgaan, hoe en wanneer een cel gesplitst wordt, hoe we bij de buitenwereld willen overkomen (het imago, en de PR), hoe een offerte of een personeelsadvertentie eruit moet zien, hoe een celboekhouding is ingericht, welke software we gebruiken, etc. Kortom, vanuit het hoofdkantoor wordt de bedrijfscultuur bewaakt. Lees nog veel meer over standaards in het desbetreffende hoofdstuk.

Verder vindt op het hoofdkantoor de financiële consolidatie plaats, want denk eraan dat er wat wordt afge'handel'd tussen de cellen onderling. En daar moeten natuurlijk de dubbeltellingen uitgehaald worden. Uiteraard is het ook de plek waar de bedrijfscashflow wordt gestuurd.

Ja, hoeveel mensen heb je daarvoor nodig?

Een handjevol directie voor het 'standaards'-gedoe en een klein dozijn pennenlikkers en bonentellers voor de consolidatie en trendanalyses. En dan heb ik het over HQ van een totale business van een paar duizend medewerkers met een omzet van een paar honderd miljoen. Oh ja, natuurlijk... ook nog een paar IT'ers die de centrale servers en software runnen, die zitten ook nog op het hoofdkantoor, terwijl anderzijds het onderhoud van de lokale computernetwerkjes uiteraard iets is dat ter plekke in de cel wordt geregeld.

De lekkerste taak die ik altijd voor mijzelf weggris, is het bouwen en bewaken van het bedrijfsimago, het 'merk' en de PR, een heerlijk klusje.

Natuurlijk kun je de cellen niet hun eigen gang laten gaan in de manier waarop ze vorm geven aan het merk. Dan verlies je de herkenbaarheid. Dus is het aan het hoofdkantoor om ervoor te zorgen dat er een 'Corporate Image' is en dat er templates zijn die daarbij passen en die duidelijke richtlijnen geven voor de cellen, hoe ze kunnen adverteren, brochures maken, websites bouwen en dergelijke.

Nou kun je natuurlijk een hele afdeling optuigen om het merk, de *'brand'*, neer te zetten, maar dat raad ik je ten zeerste af. Laat het zoeken van de crea's en de organistie daarvan nou gewoon over aan het reclamebureau, maar zorg wel dat dat bureau héél erg goed begrijpt wat je aan het doen bent en wat je naar buiten wilt uitstralen. Het heerlijke van het niet zelf in huis halen van dit soort reclametypes is ten eerste dat ze na verloop van tijd creatief zijn uitgemolken en dus hun sprankeling kwijt zijn. En ten tweede, als je het om wat voor reden dan ook even wat rustiger aan wilt doen, je niemand hoeft door te betalen of te ontslaan. Naast deze flexibiliteit is de allerbelangrijkste reden om dit werk zo min mogelijk met

eigen mensen te doen en zo veel mogelijk met externe leveranciers dat deze leveranciers uit een veel grotere poel van talent kunnen graaien en soms ook héél hard willen hollen om het account te behouden (zie ook kader).
En zo kun je bijna alle activiteiten in- of uitbesteden. Heb je een standaard leasecontract nodig, dan besteed je dat uit aan mensen van een cel. Moet er een nieuwe kwaliteitsbewakingformule uitgewerkt worden? Idem.
Wil je een té gek wereldveroverend jaarverslag maken dat ook echt door je klanten gelezen wordt? Zoek dan een vormgever die dat voor je doet! Moet er een nieuw logo komen? Uitbesteden die hap! Het enige wat je nog hoeft te doen is héél goed kijken aan wie je die dingen uitbesteedt. Ik ben altijd zo close met mijn reclamecrea's geweest dat het bijna allemaal persoonlijke vrienden zijn geworden. Ik moet hier ook aan toevoegen dat het *briefen* van de bureaus wel een vak apart is, want je wilt wél je eigen bedrijfsstempel op al je communicatie zetten. Menig avondje hebben we met soms random samengestelde groepjes BSO'ers met reclamebureaus gebrainstormd. De pizzaboeren en broodjeswinkels in onze buurt tierden welig in die tijd.

Zo houd je de overhead beperkt en merk je ook iedere keer weer aan de pijn in je portemonnee dat je 'overhead' uitgaven aan het dóén bent. Dat houdt je strak!
Nou miezerde het in ons bedrijf natuurlijk van de IT'ers, we hadden er letterlijk duizenden van. Maar ook hier gold dat als het centrale IT-systeem uitgebreid moest worden, dat geheel professioneel werd uitbesteed aan een van de cellen. Die daar dan ook formeel een offerte voor moesten uitbrengen. Niks zo maar een paar dozijn IT'ers op het hoofdkantoor hebben rondlummelen om het systeem 'bij te houden'. Maximaal twee à drie man voor het overzicht en dagelijks onderhoud, de rest knetterhard 'in-besteden'.
Anton Dreesmann, met wie ik een keer in een managementforum

zat, zei daarover: “Mijn hoofdkantoor, daar heb ik één verdieping voor met 12 kamers. Wat daar niet in past moet opdonderen.” (De man was, anders dan ik, nogal grof in de mond.)
Ik was het roerend met hem eens, maar heb zijn uitspraak nooit gecontroleerd.

Over uitbesteden gesproken.
Op een avond kreeg ik een telefoontje van onze ‘huisdrukker’, het bedrijf dat al meer dan tien jaar ons kantoordrukwerk tot grote tevredenheid deed. “Hé, Eckart,” begon het, “ik zit net mijn jaarafsluiting te doen en zie dat zo’n beetje 60% van mijn omzet bij jullie vandaan komt. Nou ja, zoals je weet is er nogal pittige concurrentie, moeten de drukpersen up to date gehouden worden, allemaal best wel moeilijk en… uh, nou ja, allemaal gedoe en zo en nou dacht ik, als jullie ons nou gewoon kopen, dan is het voor ons allemaal veel makkelijker. Hoef ik jou niet meer te factureren en krijg jij dus ook geen commerciële tarieven, dus uh win-win, dus eigenlijk.”
Ik heb heel veel tijd genomen om hem heel vriendelijk te antwoorden. De managementsamenvatting komt hierop neer: “Nee natuurlijk wil ik je niet kopen, Jan! Ten eerste ben ik dan mijn flexibiliteit kwijt: als ik nu even niks te drukken heb is dat niet mijn probleem maar het jouwe. Maar veel belangrijker nog, als ik je nú midden in de nacht bel omdat ik bliksemsnel vóór morgenochtend negen uur iets van je nodig heb, dan doe je dat. Want ik ben je fijne grote klant. Maar stel dat ik dat doe als je onderdeel van ons bent. Dan zeg je: 'Heee Eckart, weet je wel hoe laat het is? Morgen is er weer een dag, doei!' ”

# HAPPY HOUR

## EN WIE STAAT ER ACHTER DE BAR?

Iemand die zich niet gelukkig voelt, kan nooit echt goed werk leveren.[1] En dat geluk zit soms in een klein hoekje, zoals het Hollandse spreekwoord zegt. Sterker nog: in een *gezellig* hoekje, liefst bij een gevuld glaasje?

Aan het restaurant van het hoofdkantoor in Utrecht hadden we een uitgebreide barhoek gebouwd. Hoofdzakelijk bedoeld voor kleine ontvangstjes met 'hoge gasten', maar de belangrijkste nevenfunctie was die van huisbar.

Iedere eerste vrijdag van de maand van vijf tot half zeven was daar 'happy hour'. Alle medewerkers die zin hadden konden dan even komen buurten om bij te kletsen. Niet alleen konden celgespleten vrienden zo even lekker bijpraten en horen hoe het bij de andere cellen ging, het was ook een makkelijke manier om even te kletsen met de baasjes van het hoofdkantoor, die ze anders toch niet bepaald elke dag zagen.

Behalve tappen is het de taak van iedere barkeeper om de problemen aan te horen van de mensen die aan zijn bar zitten. Nu zijn de problemen van een medewerker per definitie ook de problemen van het bedrijf, dus is het een logische gedachtegang om de leden van het bestuur achter de tap te zetten. Niet alleen kan iedereen dan zien of ze wel een biertje kunnen tappen - ik hecht namelijk grote waarde aan praktijkvaardigheden voor mijn medebestuurders - maar het maakt ze ook makkelijk aanspreekbaar voor iedereen. Het is lekker drempelloos om de directie aan te spreken als je dat kunt doen bij het doorgeven van je bestelling. Er ontsponnen zich daardoor gesprekken die anders nooit zouden hebben plaatsgevonden.

---

1) zie ook het hoofdstuk **'Topkwaliteit**, *een sommetje tussendoor: K = E x V'*.

Nadelen? Nou ja, ik moest af en toe wel eens mensen met een taxi naar huis sturen als ze iets te veel 'gecommuniceerd' hadden, maar het goede nieuws is dat de bar meestal knettervol zat.
De krijtstreep-bovenbaas van de grote bank die in het pand naast ons zat vroeg een keer hoe wij onze medewerkers zo 'happy' hielden. "Ja, dat is een lang verhaal", zei ik. "Daar ga ik later nog eens een boek over schrijven, maar het is een verzameling van allemaal verschillende dingen." Als klein voorbeeldje noemde ik onze goedlopende bar met happy hour. "Goed idee!" zei hij, en liet prompt een prachtige luxe bar met veel chroom, pluche en bijpassende barkrukken bouwen. Een paar maanden later bekende hij dat hun medewerkers kennelijk toch niet van die 'bartypes' waren en dat ze het happy hour weer hadden afgeschaft.
"Kwam je er zelf veel?" vroeg ik. "Nou ja, bij de opening natuurlijk", zei hij. "Maar het was natuurlijk niks voor ons, het was voor het personeel."
Ja, doei! Groepsgevoel komt natuurlijk niet als een deel van de groep zich bij voorbaat al uitsluit. En wedden dat niemand van die bankbestuurders een biertje kon tappen?
Zonde van die verbouwing, hè!

## HUISSTIJL, LOGO EN DAT SOORT DINGEN

### NUTTIG OF SPEELTJE VAN DE BAAS?

Er schijnen twee scholen te zijn over het fenomeen huisstijl en logo, de ene bovenbaas interesseert het geen moer, de andere wil zodra hij in het zadel zit, het zootje opschudden, nieuwe veren, nieuw geluid, liefst ook nieuwe huisstijl en logo.
Eén ding staat voor mij als een paal boven water: als je een bedrijf hebt dat op de celfilosofie steunt, dan moet je zorgen dat je je huisstijl en je merk heel erg goed beschermt. Vergeet niet dat je in alle hoeken van je bedrijf zelfstandige, slimme en creatieve celdirecteuren hebt zitten die meestal zonder enig benul van '*branding*' er met de huisstijl vandoor willen gaan. Terwijl je juist naar de buitenwereld als een solide geheel wilt overkomen.
Ik sta op het standpunt dat zelfs de kantoorinrichting van alle cellen iets zeer herkenbaars moeten hebben.

Oh, wat hebben ze me gehaat! Eckart, die zich ook overal mee bemoeit. Is er zo'n nieuwe celdirecteur, net benoemd, mag zijn eigen winkel opzetten, leuk, leuk, leuk, kantoorruimte zoeken, meubeltjes, vloerbedekking en gordijnen uitzoeken, visitekaartjes ('Henk van Rossum, Directeur', ha!), postpapier… En dan de domper! Al het drukwerk moet zeer strikt volgens het standaard huisstijlhandboek worden uitgevoerd en daar is alles tot op de tiende millimeter nauwkeurig beschreven met exacte kleuren, tot aan de PMS-nummers toe. Ja, en de inrichting moet gedaan worden door projectenbureau Acta. Okay, daar is dus nog wat ruimte voor eigen inbreng, maar helaas, de inrichter had duidelijke instructies over de herkenbaarheid van de stijl. Zo waren zelfs de zwarte essenhouten bureaus standaard te vinden op al onze vestigingen. Ja, de vrijheid is behoorlijk beperkt in de zin van 'Je mag zelf aan de muur hangen wat je wilt, als het maar groot is'. En 'Je mag wel zelf je planten uitzoeken, maar plantenbakken zijn minimaal 40 cm doorsnee'. Dit om te voorkomen dat de vensterbanken bezaaid zouden worden met van die armetierige bloempotjes met meer luis dan blad, zoals je die op kamers van ministeries regelmatig aantreft.

"Zeg Eck, hoe rijm je dat dan met al die mooie woorden over delegeren en eigen verantwoordelijkheid en zo?" Nou, heel gewoon, als celdirecteur mag je wél zelf managen, maar niet zelf vormgeven. Anders wordt het een zootje en gaat de herkenning van het grote geheel verloren.
Nou, had dat inrichtingsbureau in ons een account waar menig collega jaloers op was. Soms wel acht of negen nieuwe kantoren in een jaar. Zo werd startend directeur Job van V. dan ook gebeld door ene Mel, een concurrerende inrichter, met de leugen dat hij een vriend was van Eckart (ik had nog nooit van de goede man gehoord zelfs, de boef!) en dat hij Jobs nieuwe kantoor wel wilde inrichten. Job natuurlijk blij dat hij een beetje anders dan de anderen kon zijn en zo stond ik 2 maanden later op de feestelijke opening en m'n bek viel open. Deze nieuwlichterij was geheel niet de bedoeling. Enfin, we hebben er later nog hartelijk om gelachen, maar er toch voor gezorgd dat de andere cellen conform het stramien werden ingericht.
Later, toen we wereldwijd opereerden, werden de teugels wel wat meer losgelaten en kon de landendirecteur veel zelf bepalen voor hun regio. Alhoewel, zwart essen bureaus waren overal. Zo was er toch een zekere herkenbaarheid voor de bezoekers en voor de medewerkers zelf, een beetje een thuisgevoel.

Het is niet te bewijzen, maar ik ben ervan overtuigd dat de zichtbaarheid en het succes van ons bedrijf voor een heel groot gedeelte te danken waren aan het feit dat de wereld ons als één geheel zag. Door al onze uitingen, op papier, elektronisch, op TV, in alle advertenties, de inrichting, kortom in alles, zelfs in de

persoonlijke manier waarop de telefoon werd opgenomen. Die werd uiteraard nooit door een computer, maar altijd door een lieve werkelijk geïnteresseerde persoon opgenomen en wel binnen 3 rinkels. Kom daar nog eens om tegenwoordig.
Ook dat is 'huisstijl'.

HIER
NR 27

# DE KLANT, WAAR HET ALLEMAAL OM DRAAIT

## MAAR BIJ HET HOOFDKANTOOR VINDT HIJ GEEN PARKEERPLAATS

'Een tevreden klant is ons hoogste streven'. 'Pas als U tevreden bent, zijn wij het'.
Deze middenstandskreten en soms iets intelligentere varianten tref je nog steeds aan in menig jaarverslag van grote bedrijven.
En wat is de realiteit? Wat gebeurt er als je er op bezoek gaat?
Om te beginnen klopt de routebeschrijving al niet, want hij dateert nog van voor de Eerste Wereldoorlog. Bij aankomst moet je maar een parkeerplaatsje zien te vinden, bij de balie word je ontvangen door een 'veiligheids'ambtenaar die drie keer moet vragen voor wie je komt, omdat hij de naam niet verstaat, want Nederlands is niet zijn moedertaal. Bovendien werkt hij pas drie dagen bij het bedrijf en kent hij nog geen enkele naam.
Enfin, na een kwartiertje onderhandelen ben je het eens over de naam van de te bezoeken persoon.
"Uw naam?"
"Wintzen, Wé – ie – én – thee – zet – é – én."
"Wat zegt u?"

Enfin, na enige tijd zijn we het eens over de spelling
"Heeft u een afspraak?"
"Ja, om tien uur."
Zonder verdere tekst wordt een viezig blokje met carbonpapier naar je toegeschoven, waar je in 'mag' vullen hoe je heet, je bedrijf, wie je wilt zien, je kentekennummer, de maat van je schoenen, de bril van je moeder, etc.
Ondertussen is de baliemedewerker iets meer overeind gekomen en zoekt een nummer op in een viezig stapeltje stencils met telefoonnummers.

"Ja, bewaking hier, ik heb hier ene – hoe heet u ook alweer? Oh ja, ene Van Winsum, die zegt dat-ie een afspraak heeft met van Drongelen."
"OK, ik zal 'um sturen."
"Nou meneer, u moet in een ander gebouw zijn. U gaat hier de deur uit, dan gaat u bij die ene grote deur naar links, dan een lange gang door en weer rechts, achter de zij-ingang, bij de geparkeerde auto's, daar is het.
Kenniemisse …"

**HUH?**

Persoonlijk zie ik liever tien vrij plaatsen voor bezoekers bij de ingang, een lieftallige medewerk(st)er, die alle namen van de bezoekers al in de computer heeft staan.
"Mijnheer Wintzen? Aaah goedemorgen! Mijnheer Van Drongelen verwacht u al. Hier is uw pasje, gaat u even zitten, u wordt over twee minuten opgehaald. Kopje koffie?"

Zo wil jij als klant behandeld worden en dat willen jouw klanten ook. Regel dat dan!

# DE MEDEWERKERS, "ONZE GROOTSTE ASSET"

## EN MEER VAN DAT SOORT PRIETPRAAT

De tranen biggelen over je wangen als je in de officiële jaarverslagen de soms hartverscheurende dankbetuigingen en loftuitingen leest richting 'ons personeel'.
"Bij deze fantastische resultaten staan wij vooral even stil bij ons enorm gedreven personeel, aan wie wij deze vooruitgang mede [1] te danken hebben. Zij vormen met zekerheid onze belangrijkste asset... bladiebladiebla, etc."

"Dáár wil ik werken of m'n kinderen naartoe sturen!", denk je dan bij jezelf. Nou ja, niet echt natuurlijk, want je gelooft er toch al geen moer van. En dat wordt nog eens bevestigd als je op een borrel of partijtje staat te praten met een medewerker van dat bedrijf. Over hoe het zootje niet vooruit te branden is, hoe de jaarlijkse 'functioneringsgesprekken' een totale farce blijken te zijn, gevoerd door een PZ-medewerker die de goede man niet eens kent ('baas heeft even geen tijd'). Hoe ieder nieuw idee ter plekke terzijde wordt geschoven, de kantine de lelijkste ruimte van het gebouw is maar het directie'restaurant' driesterren aspiraties heeft. Enfin, noem maar op, je kunt hele boeken vol schrijven over dit soort frustraties.
Gelukkig stond BSO jaren achtereen in de top drie van het jaarlijkse boekje 'De 100 leukste bedrijven om voor te werken', uitgegeven door het FD.

[1] Let op dat 'mede', want wat de directie wil zeggen is: "Wij hebben dat eigenlijk allemaal heel slim aangepakt, en de medewerkers hebben onze intelligente instructies gelukkig opgevolgd."

En waarom?
Omdat we onze mensen met zorg uitzochten en keken of ze bij ons pasten. Omdat we hen vertrouwden, hun verantwoordelijkheid gaven, naar hen luisterden, zorgden dat ze elkaar kenden, hun vijf procent van hun werkzame tijd opleiding gaven, hen aandeelhouder maakten. Kortom: omdat we oprecht van ze hielden.
Donder op met die gezwollen jaarverslagwoorden.
Om te beginnen zijn je medewerkers helemaal geen 'asset', ze zijn niet ván jou! Het zijn mensen die 's avonds met de lift naar beneden gaan, naar hun eigen huis gaan en die – hopelijk - de volgende morgen weer besluiten om naar je toe te komen. Omdat ze het leuk vinden of fijn. Dus moet je verleidelijk voor ze zijn en echt van ze houden!
Alleen dan zijn het echte '*mede*'-werkers en niet 'personeel'. Ik houd niet van dat woord.

## MISSION STATEMENT, HET

### HANDIG OF CORPORATE GELUL?

Het is weer helemaal ‘in’, de bedrijfsdoelstelling of mooier nog, tará, tará… *het Mission Statement*! Geen enkel zichzelf respecterend bedrijf kan meer zonder.
Modegril of niet, in een op de celfilosofie gebaseerd bedrijf kun je echt niet zonder. Maar dan wel graag één, die niet langer is dan maximaal een klein A4'tje en helemaal beduimeld!

Als je bedrijf uit tientallen losse onderdelen (cellen) bestaat, werkt dat natuurlijk alleen als iedereen aan dezelfde doelstelling en met dezelfde kwaliteitsstandaard werkt.
“Are we all on the same page?”, zeggen de Amerikanen zo lekker suggestief. (of zit je weer de Donald Duck te lezen, Carel?)
De bedrijfsdoelstelling is het harde fundament: daar staat in welke markt je met wat wilt helpen en met welk kwaliteitsniveau.
De BSO-doelstelling (zie 2e kader) gaf duidelijk aan dat het bedrijf zich ten doel stelde:
‘*het verlenen van diensten*’ – dus geen producten! -
‘*aan het grote bedrijfsleven*’ – dus niet aan Gekke Henkie BV op industrieterrein ‘de Grote Molen’ -
‘*op het gebied van nieuwe technologie*’ – hier dus niet beperkt tot computers en al helemaal niet tot een bepaald soort of merk hardware of software, want ja, dan ben je daar maar afhankelijk van en dus kwetsbaar en niet ‘future proof’ -

> Toen ik net met BSO begonnen was, kwam ik in contact met mijn concurrent Hans G. die kort na mij zijn bedrijf ‘Sys 3’ had opgericht. Ze hadden een fantastische markt, want IBM was net met een nieuwe generatie kleine computers uitgekomen

onder de naam 'IBM/Systems 3'. Door zijn naamgeving was zijn bedrijf als dienstverlener voor deze nieuwe IBM tovermachine makkelijk herkenbaar en ze gingen dan ook als en speer! Ik jaloers, natuurlijk. Zes jaar later ging het wat minder met ze, want er was inmiddels voldoende Systems 3-kennis vrij op de markt aanwezig. Nog twee jaar later bood Hans mij zijn bedrijf ter overname aan, het ging slecht. Hans had – zonder die overigens ooit op te schrijven – kennelijk als missie om Systems 3-gebruikers te helpen, na 10 jaar was zijn markt verdwenen.
Toch wel handig om na te denken over wat je doelstelling eigenlijk is.

Pakken we nog eens de woorden '*het verlenen van diensten*' uit onze doelstelling op. Het feit alleen al dat daar impliciet stond dat we dienstverlener waren, betekende dat we iedere gedachte aan handel in producten terstond terzijde konden schuiven. Dat alleen al bespaarde mij vele uren van moeizame discussies. Het bedrijf had een fantastisch kwaliteitsimago, dus veel hardware- of softwareboeren kwamen op ons af om te proberen hun producten via ons aan te slijten. Iedere celdirecteur die mij belde over het zoveelste product waar hij - dankzij torenhoge fantasiemarges - slapend rijk aan hoopte te worden, kon met een korte verwijzing naar onze doelstelling weer naar zijn gewone werk terugkeren.

Nu zijn er vele, zeer stringente redenen waarom je kwaliteitsdienstverlening niet moet vermengen met productverkoop, maar dat is een heel ander verhaal, daar wil ik je nu niet mee vervelen. Voor ons was vooral ook heel belangrijk dat iedereen zich kon blijven concentreren op dienstverlening, datgene waar we echt goed in waren.

Precies zo helpt de missie bij de marktbepaling. Daar waar staat '*het grote bedrijfsleven*'. In onze marktpositionering kozen we voor de grote accounts. Deze A-accounts, zoals wij ze noemden, moesten minimaal goed zijn voor een opdracht van een paar ton. Waarom? Een heel simpel sommetje. Zeg dat een gemiddeld verkoopbezoek met alles drum und dran, voorbereidingskosten, werkplekkosten, computer en knap lease-autootje voor de verkoper zo'n 1.000 euro per keer kost. En dat je per gescoorde klant, zeker tien van die bezoekjes moet afleggen, totaal dus 10.000 euro aan kosten. Dan heb je dus niks aan een opdracht van 10.000 euro met een marge van 40%, want daar leg je dan 6.000 euri op toe.
Het was wel een hard gevecht, hoor, om de sales-jongens bij de B-accounts weg te houden. Niet alleen kwamen ze daar makkelijker binnen – want die 'kleintjes' wilden ook wel eens informeren bij iemand van het professionele BSO wat de nieuwste ontwikkelingen waren –, maar bovendien wáren er ook veel meer B-accounts en dus waren die ook makkelijker te vinden. Zo werden de verkopers dus voortdurend heftig om de oren geslagen met 'De Doelstelling'. Geen wonder dat dat ding er zo beduimeld uitzag.

Ook het feit dat wij de technologie niet benoemden in onze doelstelling heeft ons door alle tijden heen geholpen.
Ten tijde van de oprichting was Assembler nog een levende computertaal. De markt had grote behoefte aan Assembler-kennis. Kort daarna kwamen Cobol, PL1, APL, CICS, IMS, SAP en vele andere. Allemaal techniekjes waar heel veel vraag naar was. Toch heeft BSO zich in de loop der tijden met dezelfde doelstelling inzake 'nieuwe technologie' ontwikkeld van eenmansuitzendbureau van Cobol-krassers tot systeemhuis voor ICT-outsourcing. Van opdrachten van 20.000 euro tot 100 miljoen of meer op het laatst. Vasthouden aan de doelstelling en voortdurend kijken wat de daarin genoemde '*nieuwe technologie*' in de veranderende markt inhield. Daarom moet zo'n doelstelling kort zijn en beduimeld raken.

De basisdoelstelling van BSO is het leveren van hoogwaardige diensten op het gebied van automatisering en informatieverwerking aan het grote bedrijfsleven en de overheid in Nederland*. De nadruk ligt hierbij op ondersteuning van de opdrachtgever bij de introductie van nieuwe technologieën in de breedste zin van het woord, op het genoemde vakgebied.

*De vormen waarin deze ondersteuning wordt verleend zijn:*

- *advies*
- *management*
- *ontwikkeling*
- *implementatie*
- *opleiding en training*

*Het streven is er hierbij op gericht de meest professionele en kwalitatief meest hoogstaande dienstverlener in dit marktsegment te zijn. Zowel vanuit het gezichtspunt van de (potentiële) opdrachtgever (extern), als vanuit het gezichtspunt van de medewerkers (intern) en dusdanig dat deze laatsten door positieve identificatie met enthousiasme en volle inzet voor het bedrijf willen werken.*

*BSO wil deze doelstelling realiseren op een financieel dusdanig gezonde basis, dat de continuïteit van het bedrijf nimmer in gevaar komt.*

* DE GEOGRAFISCHE BEPERKING 'IN NEDERLAND' IS IN 1989 GESCHRAPT, TOT DAT JAAR HAD JE ALS BSO ER NIETS TE ZOEKEN OP SCHIPHOL (JA, BEHALVE VAKANTIE DAN)

## MIJLPALEN (= MEETPUNTEN)

### IEDER ZIJN EIGEN GPS

Okay, ieder bedrijf heeft dus een bedrijfsdoelstelling of missie (en een 'mission statement', zie vorige hoofdstuk) maar meestal zijn er meer niveaus. Zo zullen onderdelen (of cellen) van het bedrijf weer hun eigen subdoelstellingen hebben. En , nog verder doorgetrokken, heeft iedere manager of medewerker zijn persoonlijke doelstelling (of personal mission statement).

Prima!

Maar mission statements hebben toch meestal een algemeen beschrijvend karakter, zoals "*Wij willen de meest ludieke website-bouwers van ons land zijn*" (of de beste of de meest creatieve, vul maar in). Dat is een mooi streven, maar het gemiddelde afdelingshoofd van dat bedrijf heeft daar geen ruk aan.

Iedereen die mee doet aan een missie, en dat is dus iedere medewerker, wil ook meetpunten om te zien of hij wel op de goede weg zit en of hij goed bezig is, 'of hij het wel gaat halen'. Hoewel in principe iedereen zelf zijn meetpunten kan bepalen, zal in de meeste gevallen de definitie van die meetpunten in samenwerking met de coach (baas) tot stand komen. Die coach ziet bijvoorbeeld, leunend op zijn ervaring, dat als je dit of dat doel wilt bereiken, je eerst dat en dat voor elkaar moet hebben. Mijlpalen of meetpunten kunnen van allerlei aard zijn als ze maar meetbaar en/of verifieerbaar zijn.

Mijlpalen of meetpunten zijn altijd op een of andere manier verifieerbaar en de meeste medewerkers zullen er een paar van hebben.

Met andere woorden: iedereen heeft maar één missie en verschillende mijlpalen.

De missie zal niet zo snel veranderen, maar de mijlpalen worden na behalen altijd weer bijgesteld of nieuw gedefinieerd.

Ter illustratie van dat soort meetpunten stuurde ik het hieronder staande mailtje naar Ellen van Ex'pression, mijn school in Californië.

Hé Ellen, zie hier een paar willekeurige ideetjes voor de vele verschillende soorten mijlpalen die je kunt stellen voor de verschillende functies. Bijvoorbeeld:

**VOOR PAUL**, (hoofd van de Faculteit, 1000 studenten, 105 parttime instructeurs):

- *ik wil het huidige algemene beoordelingscijfer van de studenten nog voor einde jaar opkrikken van 6,8 naar 7,5*
- *ik wil het personeelsverloop terugbrengen van 10,2% naar 7,5 %*

**VOOR SPENCER**, creatief directeur (het gezicht naar buiten en naar binnen):

- *ik wil dat er voor het einde van het jaar drie artikelen over ons verschijnen in de dagbladpers*
- *ik wil het komend kwartaal minstens drie prestigieuze spreekbeurten invullen voor onze industrie*

**VOOR CHRIS**, (student services):

- *ik wil binnen 6 maanden een tweede man opgeleid hebben die mij kan vervangen*
- *ik wil de tevredenheidsscore over onze services opkrikken van x naar y*

**VOOR ROBERT**, (hoofd sales en marketing):

- *ik wil het aantal RFI's (request for information) per week verhogen van 250 naar 290*

**VOOR BRITTANY**, (hoofd admissions, het binnenhalen potentiële studenten):

- *ik wil het conversiepercentage voor admissions verhogen van 7% naar 8%*

**VOOR KIRK**, (in zijn functie van hoofd financiën):

- *ik wil binnen drie maanden de vacature 'Financial Aid' invullen*

**VOOR JOUZELF**, (interne en externe relaties):

- *ik wil dat na de 'orientation day' spontaan 20% van de nieuwe studenten naar huis bellen dat zij net aangekomen zijn op de fijnste en meest creatieve school ter wereld*

Als iedereen nu zorgt dat hij/zij minimaal een stuk of vijf van dit soort mijlpalen voor zichzelf definieert, dan gaan we daar volgende week samen even doorheen.

See you!

e

De enorme bonus van dit systeem is dat iedereen gaandeweg zélf kan zien of hij gaat halen of gehaald heeft wat er van hem verwacht wordt. Het pontificale gedoe van de mijns inziens geheel achterhaalde 'beoordelingsgesprekken' komt daarmee te vervallen en maakt plaats voor de veel minder bedreigende fieldmanagement-gesprekken of gesprekken met de coach. In het ouderwetse beoordelingsgesprek bepaalt de 'baas' of hij tevreden is met de prestaties van zijn medewerker. Dit oordeel staat dus stijf van de subjectiviteit. Als die baas een slechte nacht gehad heeft, of er gewoon de pest in heeft, valt de beoordeling anders uit dan wanneer hij net de vrouw van zijn leven ontmoet heeft en in de wolken zweeft van verliefdheid.

Met een duidelijke missie en verifieerbare meetpunten kan iedereen helemaal zelf beoordelen of hij het goed doet of niet.

Doorgaan dus, tot je het verlossende woord van de GPS hoort: *U heeft uw bestemming bereikt!*

Bij BSO hadden alle celdirecteuren uiteraard het eigen budget dat ze moesten halen: zoveel omzet, zoveel winst, minimaal klanttevredenheidcijfer, maximaal personeelsverloop, maximale debiteurenbetaaltermijnen, etc. Maar voor de meeste cellen waren er ook nog een paar extra doelstellingen. Bijvoorbeeld "Hé, jullie doen 55% van jullie omzet bij Philips, dat maakt je te afhankelijk van één klant." Dat kon ertoe leiden dat de cel een extra doelstelling opgebromd kreeg: "Zorg ervoor dat de Philips-component eind volgend jaar teruggedrongen is tot 40%." Of: "Je ziekte-uitval is te hoog, zorg dat het wordt teruggebracht naar maximaal 5%." Of: "Je scoort te laag in de personeelsenquête, fix it, maak dat je volgend jaar minimaal 6,8 scoort!"
De bonus van de celdirecteuren stond altijd op het spel, zowel bij het halen van het budget als bij het realiseren van de extra doelstellingen. Het interessante was dat niet zozeer het inkomen dat eventueel niet gehaald zou worden de belangrijkste incentive was, maar de mening van de 'maten', de 'peer control'. De grootste nachtmerrie onder de celdirecteuren was dat telefoontje van twee collega's: "Zeg heb je het gezien? Bert gaat zijn bonus niet halen dit jaar!" Iedereen kon immers op de maandelijkse staten aan de harde feiten meekijken of je het ging halen of niet. Niks beoordelingsgesprek: harde feiten!

## OPLEIDING. WIE REGELT DE

### DRIE KEER RADEN

Ja, wie wil die opleiding nou eigenlijk hebben? In wiens belang is die nou het meest?
Van de medewerker natuurlijk. Wie weet nou het meest pijnlijk nauwkeurig welke opleidingen hij gevolgd heeft en welke hij nog vreselijk graag zou willen volgen?
Je hebt hier een gratis administrateur te pakken waar geen – vaak ongeïnteresseerde of slordige – PZ-medewerker (die het bovendien allemaal niks zegt) tegenop kan.
Wil je dat je medewerkers regelmatig bijgeschoold worden – en dat wil je -, dan kun je volstaan met het neerleggen van een standaard. Bijvoorbeeld: alle medewerkers hebben recht op gemiddeld tien dagen opleiding per jaar.
De rest regelt zich helemaal vanzelf.
De medewerkers in al hun honderden specialismen weten precies waar ze meer van willen weten. Ze zoeken het net af daarover, horen van hun maten wat een fijne cursus is en wat niet. Vervolgens wordt er overlegd met de fieldmanager (de functionele baas), wordt de timing van de cursus ingepast in het dagelijks werk of het onderhanden project en zo is over een kopje koffie het zaakje gepiept. Zonder tussenkomst van welke droogstoppel dan ook.
Mocht het er in een bepaald jaar om wat voor reden ook een keer niet van komen, dan zorgt de betrokken medewerker heus wel dat de opleidingsdagen worden opgespaard en doorgeschoven naar het volgende jaar. Ook daar heb je geen PZ voor nodig.

De slimme criticaster uit het 'oude paradigma' zegt dan natuurlijk: "Ja, maar wie zegt dat de medewerker je niet belazert?"
"Goeie vraag!"
Ach natuurlijk helemaal geen goede vraag!

Ten eerste gaan we uit van wederzijds vertrouwen: als je dat geeft krijg je het ook!
Ten tweede is er altijd nog die fieldmanager die maar 25 man in zijn groep heeft en ook wel een beetje geheugen "… Zeg, eeeeh, Rob, heb jij niet vorig jaar al een cursus van 12 dagen gedaan? …"
Ten derde, stel dat je een dergelijk belazerijtje wilt vermijden door wél een afdeling PZ op te tuigen, reken dan eens uit wat je dàt kost en hoeveel van die 'dieven' je moet vangen om die kosten eruit te halen.

# ONDERNEMINGSRAAD, DE

## EN ANDERE FOSSIELE INSTELLINGEN

Als je bedrijfsfilosofie drijft op het enthousiasme en de happiness van je medewerkers, dan is het natuurlijk wel handig om te weten waar ze zoal 'happy' van worden. En vooral ook waar ze nou juist erg óngelukkig van worden. Hoe erg is dagelijks reizen (valt mee), hoe belangrijk het soort auto (héél!!!), wat is fijner, een lease-auto of kilometervergoeding, (oei, die is moeilijk), liever je salaris regelmatig over 12 maanden uitgesmeerd of een kerst'bonus' (liefst allebei ☺), 'goedkopere' collectieve spaarregeling of toch liever individuele vrijheid (moeten we even uitrekenen).
Dit en nog een paar honderd meer zijn de zaken die je wilt weten als je je personeelskosten wilt plannen en calculeren. Het is dus verstandig om vanaf dag één over dit soort zaken met je medewerkers overleg te hebben. Eerst met z'n allen en als dat er te veel worden, met een gekozen delegatie.
Jarenlang hebben we bij BSO heel gelukkig met deze constructie geleefd. De delegaties hadden zichzelf 'PC' gedoopt (personeelscommissie), we zagen elkaar regelmatig en zo leefden we nog lang en gelukkig tot...
Ja, tot iemand tot de ontdekking kwam dat we illegaal bezig waren. Bij meer dan honderd medewerkers – ook al zijn ze verdeeld over verschillende werkmaatschappijen – moet je een officieel bij het ministerie aangemelde **ONDERNEMINGSRAAD** hebben!
Shit, alleen al het feit dat een ministerie, de vakbond en zo zich er mee gaan bemoeien! Hmmm... slecht nieuws, dat wens je je ergste vijand nog niet toe! Ik las de wet er eens op na en werd helemaal gek van de totaal onbegrijpelijke vakbondstaal. Verder rekende ik uit hoeveel mensen er dan in onze ondernemingsraad zouden moeten zitten en hoe vaak we zouden moeten vergaderen en waarover.
Nou, hef die hap maar op, want als ik het goed heb uitgerekend, hadden we meer vergaderuren nodig dan we überhaupt aan'billable'

uren in de hele tent aanwezig hadden.
Door de celconstructie moesten we 86 OR leden op 600 man personeel hebben! Nou vraag ik je! En waar zo'n OR dan ook overal 'recht' op heeft: advies'recht', vergader'recht', stem'recht', consultatie'recht'... het duizelde mij om de oren.

Ook een redelijk lovenswaardig interview met Lodewijk de Waal (toen nog onderknuppel) in FNV Magazine mocht niet baten. We moesten een officiële ondernemingsraad.
Mag ik de lezer hartelijk aanraden om, als je dit concept gaat volgen, uiteraard van meet af aan zeer nauw contact te houden met je medewerkers en als het er dan toch van moet komen, het op een akkoordje te gooien met de FNV. Vergeet niet dat je tegen die tijd al een zo goede relatie met je medewerkers hebt, dat ze pal achter je gaan staan.
Tégen de Bond als het moet!

## ONKOSTENVERGOEDING

### 'DAT BEPAAL IK ZELF WEL'

De aller-, allereerste 'dienstreis' die ik maakte, was voor Philips. Ik mocht naar een congres in München om kennis op te doen over de laatste stand van zaken in systeemsoftware. Het was mijn eerste baan en de eerste keer op pad voor de baas, drie dagen! En ook nog eens mijn eerste vliegreis in een echte jet. Ik voelde me helemaal het baasje.

Okay, het kamertje dat conform mijn 'rang' was geboekt, was drie bij drieëneenhalve meter, een plank aan de muur en één stoel. Douche en plee op de gang. Het congres hield altijd stipt om vijf uur op. Duitsers zijn niet zo van het borrelen, zeker systeemprogrammeurs niet. Gezamenlijk eten was er ook niet bij. Kortom, niet bepaald een congres waar je je ziek lacht. Maar de grote treurnis kwam pas achteraf, toen ik mijzelf tegenover mijn baas aantrof, die met mijn onkostenvergoeding in de hand mij aankeek alsof ik net met een gewapende knokploeg de Nederlandsche Bank had beroofd. Wat ik wel niet dacht, dat ik zo maar twee biertjes in rekening had gebracht en - niet te geloven! - zelfs een bioscoopkaartje. Wie ik dan wel gefêteerd had? En waarom ik wel dacht dat ik zomaar een bioscoop in rekening kon brengen?

Ik vond weinig begrip voor het verweer dat het zo saai was en niet om uit te houden in mijn snikhete kamertje, maar mocht na terugbetaling en belofte tot beterschap nog wel mijn baan houden.

Bij mijn volgende baan, bij ESA, het Europees Ruimteonderzoek, was dat heel anders geregeld. Daar waren geen verrassingen. Het handboek 'travel and expenses' was zeker 120 pagina's dik, vol met tabellen hoeveel je mocht uitgeven in welke stad, wanneer je op kosten van de zaak mocht lunchen. Bijvoorbeeld, als je vóór 11.45 uur van kantoor vertrok, mocht je wél een lunch in rekening brengen, daarna níét. Mijn collega Brian had hele schema's uitgewerkt over de handigste vluchten. "Zeg Eck, ik heb uitgevonden dat als je naar

Parijs moet, je het beste de LH 64 kunt nemen. Dan kan je én het diner én een taxi declareren, want voor 8 uur moet je openbaar vervoer gebruiken, en als je dan de vergadering de volgende dag om 10 uur laat beginnen, dan kun je daarna én daar gratis lunchen én die lunch declareren, dan vraag je een bonnetje aan François en zo kun je ook…"

Snap je een beetje wat ik bedoel?
Mijn principe komt meer uit een andere wereld. Als ik iemand voor de zaak ergens naartoe laat gaan, dan heeft hij kennelijk mijn vertrouwen om daar te doen wat hij/zij moet doen. Misschien is dat wel een deal waar het om tientallen, of honderden duizenden euro's gaat. Ga ik zo iemand dan vertellen in wat voor hotel hij mag zitten en wat hij uit mag geven aan onkosten? Nee, de enige richtlijn die ik kan geven is: **DOE WAT JIJ VINDT DAT REDELIJK IS**.
Misschien is het wel veel handiger om in een wat duurder hotel te zitten, maar wel om de hoek van waar je moet zijn, spaar je weer een taxi uit. Of om een suite te nemen waar je je vergaderingen kunt houden in plaats van uit te moeten wijken naar trieste zaaltjes die tenslotte ook niet voor niks zijn.
Ik denk dat hoe meer je voorschrijft, hoe meer oneigenlijk gebruik van de regels je uitlokt. En hoe meer vertrouwen je schenkt, hoe relaxter het is voor de reiziger en hoe minder je belazerd wordt.
Gaat dat dan nooit mis? Is er niet af en toe een gek tussen die vindt dat hij voor deze internet beurs in Cannes wel een suite in het Ritz Carlton moet nemen? Ja hoor, dat soort dingen gebeuren. Natuurlijk!
En hier zie je weer de fantastische combi van 'eerst vertrouwen geven, dan rapporteren achteraf'.[1)]

---

1) Zie ook het vorige hoofdstuk over '**Rapportage**'.

Het staat je als supervisor te allen tijde vrij om even te vragen waarom die of die uitgave of declaratie redelijk is. Want dat is het enige voorschift, weet je nog? En dan hoor je het wel. En als jij het niet redelijk vindt, dan leg je uit waarom en word je het met elkaar eens over het woord 'redelijk'. Zo niet, wordt het wellicht tijd om de wederzijdse basis van vertrouwen nog eens onder de loep te nemen. Meestal is een dergelijk gesprek het begin van een smetteloos en zeer redelijk gedrag in het vervolg.
Mijn ervaring blijft: expliciet gegeven vertrouwen wordt zeer zelden beschaamd en is een veel fijnere omgeving om in te werken.
En de prijs die je betaalt in termen van arbeidsvreugde door niet voortdurend iedereen op zijn lip te zitten is vele malen hoger dan wat je verdient met je bemoeizucht.

Dat geldt overigens niet alleen voor onkostenvergoedingen.

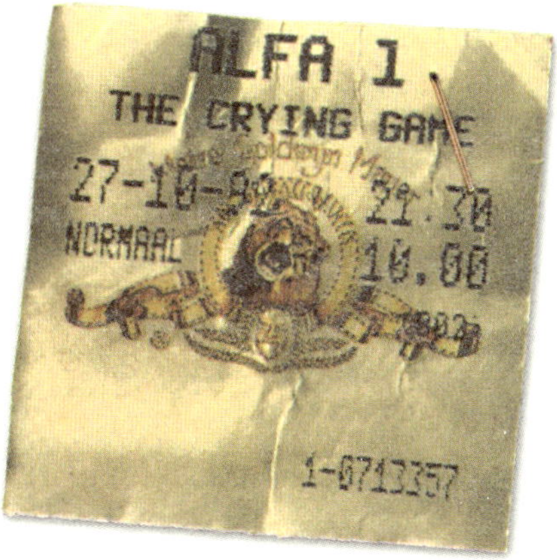

# ONTSLAG, NEMEN OF KRIJGEN

## EEN MOOI MOMENT IN JE LEVEN

Een arbeidsovereenkomst is eigenlijk net zoiets als een huwelijk, een tijdje samenwonen, of soms ook gewoon als een one night stand.

- Je wilt iets van elkaar.
- Je bent meer dan acht uur per etmaal samen.
- Je bent betrokken bij elkaar, liefst houd je echt van elkaar.
- Je hebt ook financieel iets met elkaar.

Waar het om gaat is dat het allemaal veel gemakkelijker wordt als je ook zo naar een arbeidsovereenkomst kijkt. Je bent beiden vrij en op zoek naar een ander die een stuk van jouw behoefte kan vervullen.

Zo komen werkgever en medewerker bij elkaar. De splinternieuwe medewerker gaat dan fluitend of huppelend naar huis en roept bij de voordeur al: "Ja, ik heb die baan, volgende maand beginnen!" Terwijl jij als werkgever hartstikke blij bent dat je die vacature gevuld hebt met een 'zo te zien prima vent/wijf met fantastische ervaring'. En zo begin je aan een periode van intensief samenleven. Gewoon omdat beide partijen in een fase van hun leven zijn dat ze elkaar wederzijds iets te bieden hebben.

Dat kan zijn omdat de nieuwe medewerker van een bepaalde specialiteit heel veel weet en dat graag aan je wil 'verkopen'. Of, juist omgekeerd, dat hij/zij heel veel bij je wil leren en daar een enorme hoeveelheid energie voor terug wil geven. Of welke andere uit duizenden redenen dan ook.

Maar met het voorbijgaan der jaren verandert alles. De wereld verandert, de markt van het bedrijf wordt anders, de medewerker ontwikkelt zich en ontgroeit zijn oorspronkelijke job, de job zelf verandert, de technologie verandert, er is geen behoefte meer aan

een bepaald soort kennis, de huiselijke omstandigheden wijzigen, het reizen begint op te breken want er is een kind op komst. Kortom, de oude Grieken zeiden het al: panta rhei.
En dan komt er een dag dat het allemaal niet meer zo lekker loopt en ontstaan er spanningen. Dan is het moment gekomen om te kijken waar de irritaties vandaan komen. Meestal gewoon omdat dingen anders zijn geworden dan toen je met elkaar in zee ging. Zie dat dan onder ogen, kijk of je op een andere plek of met een andere constructie nog iets met elkaar kunt en wilt en trek dan je conclusies. Belangrijkste van alles is dat je kijkt naar wat er is veranderd en niet gewoon de conclusie trekt: *Pietje functioneert niet meer.*
En als je besluit uit elkaar te gaan, doe dat dan onder het motto: iedere medewerker komt hier met opgeheven hoofd binnen en gaat met opgeheven hoofd weer de poort uit, op naar een nieuwe verbintenis die past bij wat hij op dat moment te bieden en te vragen heeft. Het beëindigen van een relatie die begint te knellen kan ook een enorme opluchting zijn. Als je beiden dat stigma van dat beladen woord '**ONTSLAG**' maar weet te vermijden.
Op naar nieuwe avonturen, **HOLADIÉÉ**!

# OVERPLAATSEN

## BEPAAL JIJ DAT?

Overplaatsen? Hoezo overplaatsen? Waarom wil je überhaupt iemand overplaatsen?
Kijk alleen al eens naar de arrogantie van het woord. Alsof medewerkers pionnen zijn die je gewoon van het ene naar het andere veld kunt plaatsen.
Stel, je hebt op plek B iemand nodig die het profiel van Babette heeft die nu op plek A werkt. Een normale situatie in ieder groter bedrijf, toch? Wat doe je in zo'n groot bedrijf in zo'n geval? Heel simpel: personeelsafdeling bellen en vragen om dat voor je te regelen. En PZ of HR, hoe ze ook mogen heten, doet dat dan in het hogere belang van het bedrijf. Niks mee mis, zou je zo zeggen.
Behalve wanneer Babette toevallig helemaal geen zin heeft om naar B te verhuizen. Bijvoorbeeld omdat daar toevallig ook Jan Willem zit. Je weet wel, die etterbak, die haar al jaren zit te stalken en waar ze dus echt niet mee wil samenwerken!
Dan moet je je natuurlijk wel afvragen of het wel of niet in het hogere belang van het bedrijf is om Babette naar B te verplaatsen, waar ze met zwaar de pest erin aan de slag moet. Gelukkig is er in een celorganisatie geen PZ-afdeling, dus heb je ook geen last van dit soort problemen. Nog geheel afgezien van het feit dat overplaatsen in veel gevallen betekent dat je het ene gat stopt met het andere.
Een ander typisch grote-bedrijven-met-hun-PZ-afdeling-geval is als je zelf niet meer zo goed met je medewerker Peter overweg kunt. Of als je geen plaats meer voor hem hebt. PZ bellen en vragen om overplaatsing voor hem te regelen. Je kent dat wel: "Zeg hé, Robert, je weet hoe kort we tegenwoordig gehouden worden qua head count. Nou heb ik hier nog een uitstekende kerel over, zeg. Het zou zonde zijn als hij voor ons bedrijf verloren ging (lees: ik wil hem graag kwijt maar de afvloeiingskosten zijn mij veel te hoog). Dus ik dacht: wellicht kunnen ze hem elders goed gebruiken (lees:

ik kan écht niet meer met hem). Echt een uitstekende vent, hoor, fantastische doorbijter (lees: gigantisch stuk eigenwijs), kan goed uit z'n woorden komen (lees: enorme ouwehoer), lekker kritisch ook (lees: jaagt iedereen tegen zich in het harnas), heeft echt zijn eigen positie opgebouwd (lees: niemand wil met hem te maken hebben)."

Enfin, zo rollen de rotte peren van afdeling naar afdeling.

In beide bovengenoemde gevallen werkt dat totaal anders in een celstructuur.

**GEVAL 1**, cel B heeft een medewerker nodig van een kaliber zoals cel A er een of meer heeft. Nou, dan gaat cel B die gewoon op de markt zoeken. Wellicht zet B de vacature ook op de (interne) website en wellicht dat Babette van cel A denkt: "Oei, dat zou wel iets voor mij kunnen zijn." Misschien gaat ze dan naar die baan solliciteren. Het zelfregulerende hiervan is dat Babette, als ze gelukkig is met haar huidige functie, helemaal niet op die website naar de vacatures kijkt, laat staan zin heeft om te solliciteren.

**GEVAL 2**, cel A wil van een medewerker af. Nou dan leest die celdirecteur even voorgaand hoofdstuk[1], neemt afscheid van zijn medewerker, zodanig dat hij met geheven hoofd kan vertrekken en valt zijn collega's niet lastig met het probleem.

Zo simpel is dat. Niks overplaatsen, niet een één of andere hogere hand die bepaalt wie waar werkt, maar een natuurlijk proces van vraag en aanbod of afvloeiing.

"Ik bepaal zelf wel waar ik wil werken."

---

[1] '**Ontslag, nemen of krijgen**, *een mooi moment in je leven*'.

## PLANNING EN BUDGETTEREN

### HET DOET MAAR EVEN PIJN

De redenering is in principe heel simpel.
Zorg dat je cellen een uitdagend, groeiend en winstgevend budget hebben. Hoe ze die budgetten halen, mogen ze zelf weten, zolang ze maar binnen de doelstelling en de bedrijfsstandaards blijven.
Geef de celdirecteuren die hun budgetten halen een 'zoen en een paar oorbellen'[1] én een lekkere forse bonus.
*Simple comme bonjour.* Zo zorgen de celdirecteuren ervoor dat het bedrijf groeit en winstgevend blijft en jij achterover kunt leunen en je centen tellen.
En het werkt echt. Niet alleen meer dan twintig jaar bij BSO. Zo was Hiltermann Lease, waar men ook werkte met de celstructuur, jarenlang de snelste groeier in de branche én de meest winstgevende.
Maar nu de hamvraag: hoe kom je aan een goede planning en die uitdagende en toch haalbare budgetten? In principe doet de cel dat zelf, maar de cel doet dat weer binnen een groter verband, conform de door de holding opgestelde 'richtlijnen voor het komende jaar'.
En daar zit hem nou juist die sissende adder onder het gras.
De holding stelt bijvoorbeeld vast

- dat de nieuwe module van het boekhoudsysteem nu bij alle cellen ingevoerd dient te zijn;
- dat m.i.v. januari alle nieuwe projecten uitgevoerd dienen te worden met het gebruik van versie 2.6 van het kwaliteitshandboek en

---

1) Gevleugeld woord van mijn vriend en collega Sip Bosch, die 10 jaar aan mijn zijde wonderen verricht heeft.

- dat alle projectleiders daarin opgeleid dienen te zijn voor de maand juli;
- dat we uitgaan van gelijkblijvende marktomstandigheden (of betere of slechtere, whatever);
- dat de bruto streefwinstmarge per cel 9,5% is, na aftrek van 4,5% holdingkosten;
- dat de personeelskostenindex komend jaar in de markt met X% omhoog gaat;
- dat we waarnemen dat de behoefte aan ondersteuning van het type X afneemt en de vraag naar dienst Y enorm in de lift zit, dus
- dat een groeicijfer van 15 tot 20% haalbaar moet zijn.

De holding komt tot dit soort centrale 'wijsheden' en oekazes door analyse van de geconsolideerde cijfers van de eigen organisatie en die van de markt. Maar ook door voeling te houden met zoveel mogelijk klanten en vooral door een bijna pathologische passie voor kwaliteit (anderen noemden het ziekelijk perfectionisme). Daarbij komt dan de behoefte aan zo groot mogelijke gelijkvormigheid en standaardisatie van de cellen.

Enfin met dit pak huiswerk gaat de celdirectie rond september/ oktober aan het werk. Berekent wat er allemaal gebeuren moet en wat dat kost. Verder kijkt de lokale directeur bij zichzelf wat voor marge hij het afgelopen jaar heeft gemaakt en of er in zijn regio rek in de prijsstelling is. Hij maakt schattingen welke klanten wát en hoeveel gaan afnemen en hoeveel klanten hij erbij kan krijgen tegen welke verkoopkosten. Berekent wat rekrutering en wellicht omscholing van medewerkers (naar die nieuwe standaard, bijvoorbeeld) gaat kosten. Gaat zijn huur omhoog, wat doen de leaseprijzen, nieuwe computers nodig? Enfin hij ploegt zowat alle aspecten van zijn business door en maakt nieuwe aannames, neemt nog wat geheime reservepotjes mee en flink wat slagen om de arm en gooit die in het door de holding ter beschikking gestelde budgetteerprogramma.

Om vervolgens vast te stellen dat hij veel te behoudend is geweest in zijn aannames en te veel geheime reserveringen heeft gedaan, zodat hij komend jaar niet de gevraagde winst gaat maken maar misschien zelfs wel een klein verlies. Hij weet dat hij daarmee niet hoeft aan te komen bij de holding en nu begint het creatieve bijschaven.
De celdirecteur weet dat zijn bonus afhangt van het behalen van zijn budget, dus hij probeert dat zo veel mogelijk te knijpen. Zo ver dat hij er nog nét mee weg denkt te komen bij de holding. Maar ja, daar zitten de oude rotten, die alle trucjes en smoezenboeken al kennen (want vroeger zelf ook gebruikt) en daar wordt er nog eens een paar middagjes fris door het budget geakkerd met de regiodirecteur. En zo komen bij flink wat rode koppen en kleine scheldpartijtjes stuk voor stuk de meeste geheime reservepotjes boven tafel.
Is dit het mooiste moment van het leven van de celdirecteur? Nee, bepaald niet.

Het doet even pijn, maar als na verloop van een paar weken het uitdagende geconsolideerde bedrijfsbudget dan geheel klaar op tafel ligt, is de strijd vergeten en gaat iedereen er keihard tegenaan. En ondertussen weten beide kanten, de holding en de celdirecties, dat er zowel bij de holding als bij de werkmaatschappijen nog steeds een paar geheime potjes zijn waar op teruggevallen kan worden in tijden van droefenis.

In dit kader, het woord zegt het al, kan niet voldoende benadrukt worden hoe belangrijk het is om in een celstructuur een gestandaardiseerd boekhoudsysteem te hebben, waar werkelijk alle boekingen identiek en onder dezelfde nummers gebeuren. Vandaar dat een centraal budgeteerprogramma ook een vanzelfsprekendheid is, zodat appels met appels vergeleken worden en iedereen hetzelfde probleem bij dezelfde naam noemt. Op die manier is dit oh zo handige, door de holding ter beschikking gestelde budgetteerprogramma tevens een fantastisch hulpmiddel om de geheime potjes te ontdekken, aangezien alle ratio's binnen de werkmaatschappijen direct vergeleken kunnen worden. Alweer zo'n fantastische win-win ☺.

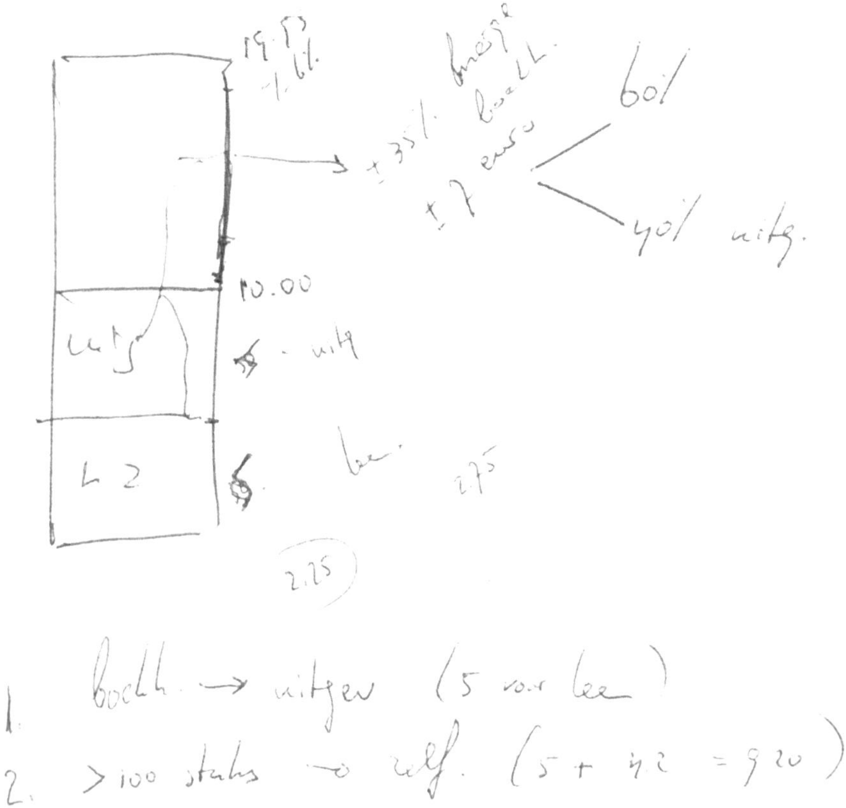

# PERSONEELSWERVING

## LIEVER NIET DOOR PERSONEELSZAKEN

*Management is achieving through others*, is een van de *bon mots*, die mij is bijgebleven uit de *Management course for Presidents*, de enige cursus op dat gebied die ik ooit heb bijgewoond.
Ik had mijzelf erop getrakteerd omdat ik vond dat ik na vijf jaar zwoegen aan mijn eigen bedrijfje nu wel eens recht had op een echt patserige cursus. Hij werd gegeven in 'Villa d'Este' een oud bisschoppelijk Palazzo aan het Lago di Como (ja sorry, dat klinkt toch echt beter dan 'Comomeer'), een van de meest prestigieuze Hotels van Italië[1]. En tenslotte was ik ook 'President', ha!, al was het dan maar van mijn toen 250 man tellende bedrijf.

Maar goed, terug van oude dagdromen naar de dagelijkse werkelijkheid van Management, dat het dus de kunst is iets te bereiken door middel van anderen. Die anderen moeten dat dan wel voor jou wíllen doen.
Er zijn verschillende redenen te bedenken waarom zij dat zouden willen:

- Je bent de enige werkgever in de buurt en ze zijn bang om ontslagen te worden (management by fear).
- Ze zien je net aan komen lopen in de gang en pakken gauw een dossier of de telefoon, 'anders denkt de baas dat ik niks te doen heb' (management by walking around).

---

1) Dat ik achteraf aldaar bijna wekenlang de afwas heb moeten doen en de bedden opmaken omdat mijn oh zo trotse eerste creditcard 'bouncede' is weer een heel ander verhaal.

- Ze vinden je een toffe gozer omdat je ze af en toe een tik op de billen en een kneep in de wang geeft (management by sexual harrassment).
- Ze hopen in de krant te komen, trekken hun mooiste kleren aan, zetten een keurige scheiding en gaan vervolgens aan een willekeurig handeltje trekken (management by Royal Visit).
- Ze weten wat er van hen verwacht wordt en dat aan het eind van de rit ook gekeken wordt of dat gelukt is (management by objectives).

Even alle saaie theorie en gekheid op een stokje: een bedrijf functioneert alleen maar perfect als iedereen weet wat er van hem wordt verwacht en als er in een echt teamverband wordt gewerkt. Voor mij houdt het woord 'team' in dat iedereen zijn medespelers kent, weet wat de ander kan en niet kan en bereid is te allen tijde een stuk van andermans taak zonder gezeur over te nemen.
Dit alles in een oprecht gevoel van saamhorigheid. Nou hebben we in de eerste plaats dáárvoor het idee van de kleine overzichtelijke cel geconcipieerd. Het familiebedrijf-idee. Maar saamhorigheid is ook een gevoelszaak, je moet samen wíllen zijn. En dat werkt dus alleen als je bij elkaar past, je het gezellig vindt om met elkaar een biertje te drinken of samen uit te gaan.
Dat is nou de voornaamste reden waarom het superbelangrijk is dat de medewerkers in een cel zelf bepalen wie er bij komt. Namelijk op de eerste plaats iemand die bij hen past. Verder weet het celmanagement zelf het beste welk soort kennis en ervaring er nou precies nodig is en wanneer ervaring belangrijker is dan academische papieren of andersom (weinig kans!).
Zodoende is het dus verreweg het handigst om de werkmaatschappijen lokaal te laten adverteren of rondkijken naar nieuwe medewerkers. De kandidaten laat je dan technisch aan de tand voelen door hun toekomstige collega's (peer interviews) en daarbij tegelijk vaststellen of de beoogde nieuwe medewerker in het team past.

Het probleem van rekrutering via PZ is dat daar kandidaten uitkomen die weliswaar geheel aan de technisch/academische 'specs' voldoen, maar die qua persoonlijkheid niet in dát specifieke team passen. Overigens kan een echte 'computernerd' met veel praktijkervaring tien keer zo snel vaststellen of de kandidaat inderdaad ook deskundig is of dat hij alleen het boekje 'How to bluff your way in IT, without really knowing' ergens op een leestafel heeft zien liggen.

We hebben het elders[i] al gezien, het is net een huwelijk en je laat je partner toch ook niet door PZ selecteren?

---

i) Zie het hoofdstuk '**Ontslag, nemen of krijgen**, *een mooi moment in je leven*'.

## PERSONEELSAFDELING

### LIEVER GEEN

Nou heb ik inmiddels wel genoeg woorden vuil gemaakt aan het afzeiken van PZ.

En eigenlijk is dat ook helemaal niet fair. Ik heb in mijn leven een paar zeer competente mensen meegemaakt die echt het personeelswezen in hun bloed hadden en die ik zeer vakkundig heb zien manoeuvreren.

Sterker nog: wij hadden er zelf ook een. Onze Robbert S. was een ware kei op het gebied van mensen en mensenkennis.

Nee, de reden dat ik blijf hameren op het feit dat je in het celconcept eigenlijk geen personeelsafdeling wílt, is dat het van belang is dat de celdirecteuren zelf ervaring opdoen op het gebied van personeelsaangelegenheden. Dat zij leren waar je op moet letten bij het aannemen van mensen. Dat ze zien hoe ingewikkeld het kan zijn om weer afscheid te nemen van een medewerker die niet meer in het team is in te passen. Maar vooral dat ze mensen uitzoeken die bij henzelf passen en daar een band mee kweken.

Met een topexpert waar je je suf naar hebt lopen zoeken en die je na eindeloos lobbyen en onderhandelen over de streep hebt kunnen trekken, ga je echt anders om dan met een nieuwe medewerker die door PZ is aangetrokken en die zich op de eerste van de maand om 9 uur bij jou op kantoor 'moet melden'. Meestal heb je met een eigen sollicitant al gedurende de gesprekken zo'n band opgebouwd dat je al 'vriendjes' bent voordat hij of zij begonnen is.

En dat is nou net waar het om draait: die kleine eenheid waar iedereen als vrienden met elkaar omgaat. Zo'n eenheid komt tot stand door 'coöptatie', doordat de groep ook weer nieuwe groepsgenoten uitkiest.

Maar goed, werving is tenslotte niet het enige waar een afdeling PZ zich doorgaans mee bezighoudt. Er is een macht aan aanverwante dienstverleningen die in die afdelingen worden gedaan. Services aan bedrijf en medewerker, zoals daar zijn

- aanstellingsbrieven en -contracten
- personeelshandboek
- vakantieregelingen bedenken en bijhouden
- opleidingstrajecten voor de medewerkers
- carrièreplanning
- huisvesting, hypotheekregelingen
- verblijfs- en werkvergunningen
- ontslagaanvragen, kantonrechterregelingen
- juridische aangelegenheden
- dossiers bijhouden

Ach, en als je nog een paar dagen rondloopt bij een grote multinational, dan kom je gemakkelijk nog eens twintig onderwerpen tegen, die bij HR (want daar heet dat zo) worden opgepakt.
Lees het lijstje nog eens door en kom tot de ontdekking dat de meeste onderwerpen die daar staan gewoon maar één keer door een cel hoeven te worden uitgevonden of uitgewerkt om het vervolgens door alle andere te laten jatten.
Het bijhouden van al die personeelszaken zoals ziektemelding, vakantiedagen, etc., kan dan verreweg het beste in de werkmaatschappij zelf gebeuren, bij het 'Secretariaat'. Dat is een mooi woord voor de vaak enige secretaresse in de cel. Zij houdt dit soort dingetjes bij naast haar gewone werk zoals facturering, offertes de deur uit doen, afsprakenagenda's, sollicitanten, correspondentie en niet te vergeten de telefoonafhandeling.
Deze 'secretaresses' zijn een ware spin in het web, die letterlijk alles weten wat er zich in een cel afspeelt. Eigenlijk vormen zij de werkelijke directie van een cel, grapte men altijd.
Als je zo iemand aanneemt, wees dan niet te zuinig met je salarisbudget, zulke mensen zijn letterlijk hun gewicht in goud

waard. Bij BSO had zij soms een assistente die de boekhouding bijhield, de urenstaten verwerkte en andere routineklussen deed zoals de frankeermachine en het kopieerwerk.
Maar goed, terug naar dat door mij zo vermaledijde Personeelszaken.
Natuurlijk is het soms heel handig om een afdeling te hebben waar je al je personeelgerelateerde kutklusjes kunt dumpen. Maar als je zo'n afdeling niet hebt moet je het dus zelf doen. En zo kom je best ook wel eens tot de conclusie dat het handiger en goedkoper is om maar helemaal niet aan die 'handige' oplossing te beginnen (zie kader) of een wat korter-door-de-bocht-regeling met je medewerker of met 'de instantie' te treffen. Dat kost soms wel méér, maar een PZ-afdeling is ook niet bepaald gratis, toch?

Ach, we halen ons soms zo veel ellende en kosten op de hals, gewoon omdat we er toch een afdeling voor hebben. Veel daarvan kunnen we ook zelf doen, of gewoon níét doen.
Dat is de essentie van mijn verhaal.
En het werkt, kan ik je zeggen. Tot een medewerkersbestand van 4000 mensen hadden wij geen afdeling PZ.
En daarna?
Ja, daarna voegde de grote Philips PASS-afdeling zich door een fusie bij onze gelederen en toen was het natuurlijk gedaan met onze PZ-loze 'nieuwlichterij'. Philips-mensen waren gewend voor ieder probleempje terug te vallen op PZ. Logisch, want hun personeelsregelingen zijn ook dermate complex dat je meerdere studies sociale wetenschappen, planologie, niet-Westerse bedrijfskunde en theoretische wiskunde succesvol afgerond moet hebben om uit te rekenen hoeveel vakantiedagen je nog hebt.
Toen kwam trouwens ook het moment van de grote titelinflatie en zag ik voor het eerst visitekaartjes van toch best wel aardige BSO-collega's, die ineens deftige woorden als Senior Vice-President op hun kaartje hadden staan. "Jeetje, ben je nu hoger dan ik?", vroeg ik

nog grappend, maar dat viel al niet meer in goede aarde. De oude BSO-humor over bureaucratieën begon te verdwijnen.
En zo werd in Eindhoven een belangrijk deel van onze door de jaren heen opgebouwde *goodies* in een haal van de tafel geveegd.

En die Robbert dan? Die Robbert die in het begin van dit hoofdstuk genoemd wordt, je weet wel, die kei? Wat is daar het verhaal over?
Na zo'n zeven jaar kwamen wij tot de ontdekking dat er in Nederland bijna geen enkele expert te vinden was op het gebied van technische automatisering, maar dat er in Engeland, dankzij een veel voortvarender universitair beleid, flink wat echte vaklui rondliepen, om nog maar te zwijgen van Amerika. Dus dachten wij: "Waarom halen we die nerds dan niet uit het buitenland?" Zo gedacht, zo gedaan.
Maar toen! Ja, tóén zaten we met al die ellende van verhuizingen, verblijfs- en werkvergunningen, huisvesting, gezinsopsplitsing en -hereniging, belastingregelingen, etc. Toen heeft een van de cellen een expert in dienst genomen die al dat gelazer met buitenlanders op zijn duimpje kende. En dat was Robbert S.
Het wrange van het verhaal is dat dat hele gedoe met die buitenlanders toch van geen kant werkte. Als de mannen alleen kwamen, dan verveelden ze zich 's avonds helemaal suf en gingen verloren aan de drank, of als ze vrouwen bij zich hadden, dan wilden die weer terug naar huis, zeker als ze zwanger raakten, want er is altijd maar één land waar je wilt bevallen en dat is 'thuis', het enige land waar ze 'echte' gynaecologen hebben. Enfin, van al die buitenlanders waren de meeste na een jaar weer verdwenen. Daarna werd Robbert ingezet voor alle moeilijke gevallen (tegen betaling aan de holding!). Robbert had ook een gouden neus voor sollicitanten en kon je in een paar seconden vertellen wie je wel en wie niet moest nemen.
Ach ze zijn zo rot nog niet, die PZ-mensen, je moet alleen de problematiek die zij kunnen oplossen gewoon niet op je nek halen!

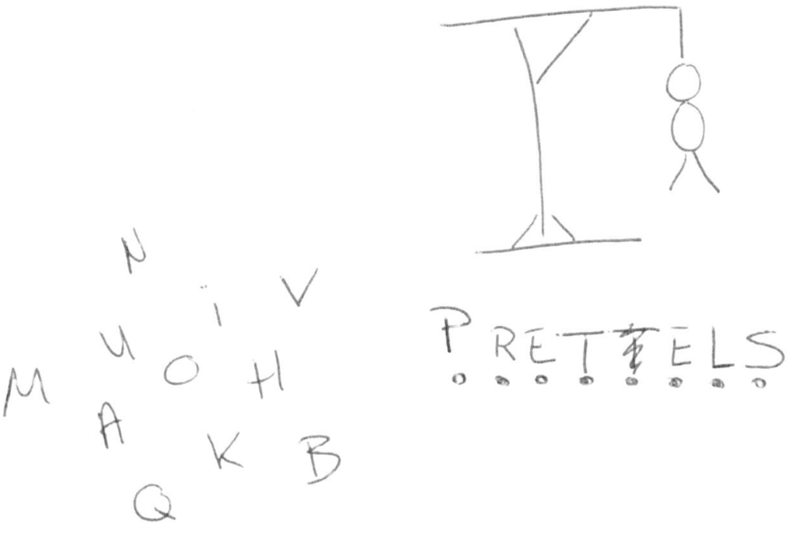
PRETZELS
N
V
I
U
M
O
H
A
K
B
Q

## PERSONEELSZORG

### EEN PAAR BLOTE MEIDEN OP EEN ROZE OLIFANT

Ik herinner het mij nog als de dag van gisteren dat prachtige personeelsfeest. Ik werkte voor het Duitse EDP Resources (later overgenomen door het Amerikaanse GTE) en was daar baasje ('Geschaeftsfuehrer') van de nederzetting in Hamburg. Dus mocht ik ook komen op het grote personeelsfeest in Bad Homburg (bij Frankfurt), waar zich ons hoofdkantoor bevond.

Voor deze jaarlijkse gelegenheid was een grote zaal afgehuurd van zo'n hotel dat je vast wel kent, 'home away from home'. Want de schilderijen op de kamer hangen allemaal op dezelfde plek. Het zijn trouwens ook kopieën van hetzelfde werk. De zaal luxueus uitgevoerd met gouden stapelstoelen (okay, op goud gelijkend). Het podium prachtig uitgelicht met een blauwe, een gele en wel twee rode lampen, met twee duidelijk ontheemde palmboompjes aan weerszijden. Verder niet te vergeten een in fraaie kleuren uitgevoerd plastic bloemstuk in het midden van het podium bij het spreekgestoelte, waarachter een projectiescherm. Dat scherm was voor de grote show, nam ik aan. Kortom: het duizelde mij van de fantasie en creativiteit. Dit beloofde wat te worden, een avond ongetwijfeld vol 'Glitter and Glamour'.

De feestavond begon met een met Deutsche Gründlichkeit afgemeten hoeveelheid Sekt voor een ieder met ongelimiteerd (sic!) Pretzels, een gerecht waarvan ik nooit begrepen heb waarom ze de uitvinder niet hebben opgehangen in plaats van zijn recept te kopiëren.

De borrel was kort, het diner daarentegen…, inderdaad, langer dan je hoopte. Toen bleek ook het projectiescherm niet voor een megamultimediaal evenement, maar voor de 'wervelende show' van Kurt H., onze baas. Hij zag met zijn PowerPoint-presentatie kans om tijdens het hoofdgerecht onze aandacht af te leiden van de magere kwaliteit van het voedsel. En om de eveneens magere resultaten van het bedrijf te laten overstralen door de verwachting van een gouden toekomst. Benoemingen en promoties werden bekend gemaakt (nee, niet voor mij, helaas), de omzetcijfers in drie decimalen nauwkeurig uitgemeten en het nieuwe organisatieschema verscheen in beeld. Kortom: het duizelde ons. Verder veel lovende woorden van dank aan ons als personeel voor onze niet aflatende inzet.

En toen begon het feest! De lokale band, 'die Badische Jazz Boys', beklommen het podium und da ging's los! Party time!
De directie zat aan een speciaal gereserveerd tafeltje, het enige met tafelkleed en nog meer champagne. Verder zat een ieder bij zijn 'collega's van de gang'. Ik had mijn collega's uit Hamburg niet mogen meenemen, dus ik heb me rot geamuseerd, dat snap je! Heb ook later de 'dank voor hun niet aflatende inzet' persoonlijk aan mijn mensen overgebracht.
Ik zou dit verhaal niet verteld hebben als ik niet later in het personeelsblaadje een verslag las van het "*geslaagde personeelsfeest dat de batterijen van alle medewerkers weer geheel had opgeladen*".
Nou, niet de mijne!
Mijn idee van personeelszorg is een beetje anders, zoals je reeds vermoedde.
Zoals elders in dit boek vermeld [1] is m.i. de kwaliteit van het werk volledig afhankelijk van motivatie en enthousiasme van de medewerkers. Nou, die krijg je echt niet opgekrikt door personeelsfeesten, ook al jaag je een dozijn roze olifanten met blote meiden erop door de zaal en ook al schenk je ongelimiteerd champagne.

---

1) zie hoofdstuk **'Topkwaliteit,** *een sommetje tussendoor: K = E xV'*.

Net als jij en ik voelt iedereen zich gezien en happy als hij aandacht krijgt. Aandacht voor je zorgen en aandacht voor je verwachtingen, je hoop en je angsten.

En die kun je alleen krijgen als je baas daar tijd voor maakt.

Tijd voor je medewerker, tijd! En niet een glaasje ranja en een leuke show.

Zorg ervoor dat iedere medewerker eens per maand of minimaal eens in de twee maanden gewoon een half uurtje krijgt van zijn directe baas (fieldmanager noemden wij hem). Niet om te praten over het project, want dat onderwerp hoort in een andere vergadering, maar om te praten over de kleine dingetjes die dwars zitten, over die cursus die hij wil volgen, de saaiheid van het project of misschien iets ergers, zoals dat ruzietje met de projectleider (de eikel!) over die keer dat hij – met reden - te laat was.

Neem er de tijd voor. Ook al denk je beiden dat er niets nieuws te bespreken is, ga zitten, pak een bak koffie en laat het stromen. Er is niets fijner dan praten over jezelf, dat geldt voor jou en dat geldt voor jouw medewerker. En deze tijd is voor **HEM**!

Het is verbazenwekkend hoeveel dingen er dan op tafel komen, die wellicht later tot grotere of kleinere problemen hadden kunnen leiden.

En het grote voordeel is dat jij weet wat er zich in zijn kop afspeelt. Handig bij een volgende projectindeling. En hij kan weer bijgepraat worden over wat er zich op het (hoofd)kantoor afspeelt. Wist je dat gemiddeld genomen over alle bedrijven de hoogst scorende klacht is: “Ze vertellen ons ook nooit wat, we weten niet wat er gaande is”?

Neem die tijd!

Tijd is een groot en altijd gewaardeerd cadeau, daar kan geen roze olifant tegenop.

C’est tout!

## PROCEDURES, PLEASE NO!

### OF TOCH HEEL SOMS LIEVER WEL?

De hele celfilosofie is gebaseerd op verregaande delegatie en vertrouwen. Er wordt immers in principe alleen naar het eindresultaat gekeken en niet naar de weg daarheen. Het doet er niet toe hoe je er bent gekomen, áls je er maar bent gekomen en je je onderweg aan de 'standaards' hebt gehouden. En die 'standaards' (zie aldaar) gaan hoofdzakelijk over de in het bedrijf geldende kwaliteitsnormen.

Hóé iemand dus een deelresultaat bereikt, ja, daar heb jij dan niets mee te maken. En hier struikelen we dan over de grote paradox van het leiding geven. Je bent zelf eindverantwoordelijk – de Amerikanen noemen het 'accountable' – voor het totale eindresultaat, maar je mag je eigenlijk niet bemoeien met degenen die met hun deelresultaten daaraan bijdragen.

Wel verantwoordelijk, maar je er niet mee mogen bemoeien; dat is bijna onmenselijk. Op zichzelf is dat fenomeen niet uniek voor de celfilosofie. Immers, ook in 'gewone' bedrijven kan de eindverantwoordelijke vaak fysiek niet aanwezig zijn op de plaats van actie. Denk bijvoorbeeld aan een bankfiliaal waar toch een heleboel financieel en dus verantwoordelijk werk gebeurt.

Hoe wordt dit probleem in traditionele bedrijven opgelost? Door procedures.

Ik hoor de mannen op het hoofdkantoor het nog zeggen: "Ja, maar dan moeten we daar wel even een paar proceduretjes voor maken."

Vreselijk!

Een procedure is het tegenovergestelde van het echt delegeren van vertrouwen.

Je laat je mensen iets doen, maar je vertrouwt niet dat ze het op de 'goede' manier zullen doen. Waarom heb je die mensen in godsnaam

aangenomen, zou ik dan willen weten.
Je vertelt ze stap voor stap wat voor handelingen ze moeten verrichten, waar ze een paraafje moeten halen, aan wie ze een cc moeten sturen en hoe het moet worden verpakt, gestempeld of ingeboekt of whatever. Kortom, je vertrouwt voor geen centimeter op het eigen oordeelvermogen van je medemens.
Ik zou gek worden in zo'n organisatie!
Een baas die de godganse dag over je schouder meekijkt is één ding. Een procedurehandboek waar alles stap voor stap wordt voorgeschreven is in principe hetzelfde, maar zo mogelijk nog veel erger.
Trouwens, hoe rampzalig procedures zijn blijkt wel uit het feit hoe dodelijk het is als in een bedrijf iedereen zich écht aan de procedures houdt. We hebben er zelfs een woord voor in het Nederlands: stiptheidsactie! Een ramp die je alleen je bloedigste concurrent toewenst. Maar toch, toch zijn er plekken en momenten dat je erg blij bent met procedures. Ik ben bijvoorbeeld heel erg blij dat de piloot van het vliegtuig dat mij naar waar dan ook moet brengen heel strikt door zijn vaste procedures gaat.
Waarom?
Zijn functie zit op een knooppunt van zóveel verschillende, uit alle richtingen komende informatiestromen, de techniek van het vliegtuig, verkeersleiding, ground services, de meteo, de passagiersstroom, terreurveiligheid en nog heel veel andere en dat alles op één en hetzelfde moment van vertrek, dat ik blij ben dat er een beetje ordening zit in zijn werkwijze. Zo weet ik zeker dat hij aan alles gedacht heeft en dat hij niet straks in de lucht denkt: "Oh shit, vergeten te tanken."

Als ik in Amerika ben, doe ik altijd boodschappen bij Andronico's, een fantastische supermarkt met heel veel prachtig uitgestalde versproducten. Als rechtgeaarde Hollander wil ik daar een keer een lekker groot stuk 'Old Amsterdam' kopen. Ze hebben het gelukkig, zie ik, maar alleen ridicuul kleine stukjes van minder dan een ons. En die stukjes zijn ook nog eens belachelijk gesneden, een soort van hockeystickvormige, in de lengte doorgesneden kaaspuntjes. Ik zie achter de balie nog een lekker groot half wiel van die kaas liggen, dus ik vraag of ze een lekkere, grote punt voor me willen afsnijden. Paniek in de ogen van de bediende: "Nee, ik weet niet hoe dat moet!" Ik zeg: "Wat dacht je ervan om gewoon een groot mes te pakken, die punt af te snijden, wegen, folie erom, stickertje erop en klaar?"
"Nee hoor, dat mag ik niet". Vervolgens een senior erbij, maar ook die zie ik al luisterend nee schudden. Slecht nieuws, dus. "Weet je wat jongens, ik ga even mijn boodschappenlijstje afwerken, kom ik over een kwartiertje terug, tegen die tijd hebben jullie het wel uitgezocht."
Maar niks hoor, een kwartier later zie ik vijf man argumenteren achter de toonbank, maar het wiel ligt er nog onaangeroerd bij. Helaas, vijf mensen op de kaas-en-vleesafdeling en niémand mag zelfstandig een stuk kaas afsnijden als de baas er niet is.

Sorry hoor, maar procedures zijn procedures en daar heb je je aan te houden.

## RAMP, DE GROTE PR-

### ALS JE GESCHOREN WORDT...

Het is zaterdagmorgen, 10.00 uur. Veel te vroeg voor mij om de telefoon aan te nemen. Het rinkelen blijft aanhouden. Okay, okay, stomme drammer! Jaaaaaaaaaah, ik kom al. Birgitta aán de lijn. Birgitta is sinds mensenheugenis mijn geweten, steun en toeverlaat op het gebied van PR. "Heb je de Volkskrant al gezien?" Nee natuurlijk niet, ik woon erg afgelegen en het enige echte ochtendblad wordt hier niet bezorgd.
Twintig minuten later zit ik achter koffie en krant. Tsjemig, zeg op pagina twee een mega-grote foto van mij met een kop over de volle breedte dat ik af zal treden als baas van BSO, met in de broodtekst een verhaal dat ik verder mijn tijd zal besteden aan het runnen van de 'Club van Schier', samen met Schier-genoot Jurriaan Kamp die 'toevallig(!)' ook net is afgetreden als hoofdredacteur van het economisch katern van het NRC, en nog veel meer kersvers uit de duim gezogen nonsens.
Mijn ogen rollen uit hun kassen. Waar halen ze de waanzin vandaan?
Natuurlijk zit ik wel eens te dagdromen of ik tot mijn dood bij BSO zal blijven of dat ik ooit nog eens een andere rol wil in mijn leven. Ik heb ook wel eens hapsnap over een biertje een vaag gesprek gevoerd met iemand die heel graag mijn rol wilde overnemen, maar het biertje was lekkerder dan het gesprek. Logisch, want ik ben daar op dat moment ook nog helemáál niet aan toe.

Maar het kwaad is geschied. Dit betekent, hoe dan ook, grote onrust in de tent. Vraag is: kunnen we de ramp nog keren? Niet dus, diezelfde avond staat in het NRC een fantasieloos overgekalkt verhaaltje met dezelfde strekking. De volgende maandag volgen de andere kranten braaf met het betere overschrijfwerk.
Ja, we zullen toch iets terug moeten zeggen. Maar eerst oekaze

nummer één, een bericht naar alle vestigingen: niemand staat de pers te woord! Alle bellende journalisten moeten worden doorverwezen naar de holding, naar Birgitta of Eckart zelf. Zo kunnen we voorkomen dat alle celdirecteuren zelf hun eigen fantasie in de pers de vrije loop laten gaan. Bij de holding wordt overigens ook eerst even ernstig de boot afgehouden tot we een strategie hebben over wat ons te doen staat.
Maandagmiddag besluiten we een exclusief interview toe te staan aan een bevriende redacteur van de voor ons belangrijkste krant, het Financieele Dagblad. Dit onder voorwaarde dat hij alléén zal schrijven over wat wij zeggen, en niet ook met eigen fantasieën aan de haal gaat. Een uur later zitten we al in het interview, waar ik eerlijk vertel dat 'Schier' wel een dierbare bezigheid van mij is, maar dat ik echt niet van plan ben op te stappen, en al helemaal niet voor 'Schier'. Dat ik het nog steeds heel erg naar mijn zin heb bij BSO en er niet over denk om te vertrekken. De volgende morgen in het FD: "**GAAT BSO-TOPMAN ECKART WINTZEN NU WEL WEG OF NIET? HET ANTWOORD IS: JA**, *maar voorlopig nog niet.*" In de tekst verder nog verwijzingen naar mijn betrokkenheid met 'Schier' en de wens om daar toch wel mijn volle tijd aan te geven. Woedend bel ik de redacteur op die mij heeft geïnterviewd. Dit was niet de deal. Waarop hij laconiek antwoordt: "Ik heb ook nog zo mijn eigen bronnen." Het artikel blijkt alleen maar meer olie op het vuur, want afkomstig uit eigen mond en geschreven door serieuze krant.

"... *Wintzen is woedend: 'De publicatie in de* Volkskrant *heeft het bedrijf miljoenen guldens schade berokkend. Ik ben er behoorlijk van uit mijn humeur. U vertrouwt kennelijk meer op uw bronnen dan op mijn ontkenning.* BSO *is een open bedrijf. Wij vertellen altijd hoe het zit...*"

staat er weer een paar dagen later in De Volkskrant.

Enfin, nog weken daarna gaan de kranten door met speculaties over

mijn vertrek en hoe meer ontkennende interviews ik geef, hoe meer 'aanwijzingen tot mijn vertrek' de journalisten in mijn woorden menen te bespeuren.
Het duurt vervolgens nog meer dan een jaar tot de geruchtenstroom gestopt is.
"Ach," zegt Bram, onze Financieel Directeur, "ik heb in het financiële wereldje altijd geleerd dat als je wordt geschoren je heel stil moet zitten."
Oftewel: je had gewoon je mond moeten houden, Eck, en wachten tot het over was.
Een les die ik toen pas – te laat – heb begrepen.

Vierdubbele moraal van het verhaal:
1 Er is maar één woordvoerder van het bedrijf en dat is de baas. (celdirecteuren onthouden zich te allen tijde van commentaar op of over het bedrijf.)
2 Reageer niet op geruchten in de pers.
3 Er bestaat niet zoiets als een 'bevriende redacteur'. Journalisten schrijven wat zij willen schrijven.
4 Ook de baas zelf kan soms hele stomme dingen zeggen en doen.

Wintzen is woedend: 'De publicatie in de Volkskrant heeft het bedrijf miljoenen guldens schade berokkend.
Ik ben er behoorlijk van uit mijn humeur. U vertrouwt kennelijk meer op uw bronnen dan op mijn ontkenning. BSO is een open bedrijf. Wij vertellen altijd hoe het zit

## RAPPORTAGE DOOR DE CELLEN

### NOU, ALS ZE ERGENS DE PEST AAN HEBBEN...

"Eckart 's Vriendenclub BSO", stond er bij een levensgrote foto van mij op de cover van FEM (Financieel Economisch Magazine). Whaaoow, ik had al veel publiciteit gehad, maar dit was mijn eerste 'coverstory'. Mijn moeder, trots als een pauw, kocht bijna de hele oplage om aan haar vriendinnen uit te delen.
Zelf was ik wat minder enthousiast, met name over de titel. Het artikel was overigens heel vleiend, egostrelend en goed gedocumenteerd, maar ja, wie leest er nou zo'n verhaal behalve je moeder en haar vriendinnen? Mensen lezen immers alleen maar koppen?

Er was veel hardnekkig misverstand over de combinatie van 'leuke werkgever', 'lekker sfeertje' en 'sociaal gedreven' en de sobere werkelijkheid van een toch goed georganiseerd geheel met duidelijke standaards en zeer strikte maandelijkse rapportages. Er wordt vaak, ten onrechte, een grote paradox gezien in de celstructuur met enerzijds enorme vrijheid, dankzij verregaande delegatie, en anderzijds de strakke rapportagelijnen.

Nou, één ding kan ik je vertellen: als de celdirecteuren ergens de pest aan hadden, dan was dat de rapportage, die niet alleen behoorlijk uitgebreid moest zijn, maar ook strak in het jasje. Met hele duidelijke standaards over wat er allemaal gerapporteerd moet worden en hoe en wanneer (echt niet later dan de 8e van iedere maand).
Maar, ik zei het al, de vrijheid van verregaande delegatie en strakke rapportage is een schijnparadox. Schijn, want heldere feedback en delegatie horen bij elkaar als mayo bij friet, 't is zuur maar je wilt toch niet zonder ☺.
De cel heeft zijn missie, zóveel omzet en zóveel winst, tevreden klanten en happy medewerkers. Zij mogen helemaal zelf weten hoe

zij dat gaan doen. Maar om te weten of ze dat gaan halen wil de celdirectie ook gedurende het jaar wel weten of ze op de goede weg zijn. Liggen we wel op koers?
En er is nóg een instantie die wil weten of (het merendeel van) de cellen wel op koers liggen: de holding. Dus wat doet die holding? Die bedenkt een paar intelligente indicatoren die aangeven of de cellen nog op de goede route zitten.
En het handige in alle opzichten daarbij is dat bij een celstructuur de cellen allemaal min of meer hetzelfde werk doen, dus de indicatoren kunnen voor alle cellen hetzelfde zijn. En dat heeft weer als voordeel dat de cellen hun cijfers één op één met elkaar kunnen vergelijken.
In een urenbusiness zoals die van BSO, waar ieder uur dat niet verkocht is ook financieel voor altijd verloren is, is er één ding waar je alles over wilt weten: Hoe staat het met de uren?

Het is net als bij de luchtvaartmaatschappijen of het hotelwezen, waar ook iedere stoel of ieder bed dat aan het eind van de rit niet verkocht is, definitief verloren is.
In ons geval: wat is er met de uren gebeurd?
Hoeveel werkbare uren zaten er in deze maand? 160, 168 of 176?
Welk percentage is er echt verkocht en factureerbaar en waar is de rest aan besteed? Vakantie, ziekte, verkoopondersteuning (helpen offertes te maken en zo), vergaderingen, in-huis-projecten, garantiewerk, of echt totaal verloren, zoals in leegloop (ook wel 'strafbank'). Verder zijn er nog indicatoren als de gemiddeld gemaakte prijs, de gemiddelde hoeveelheid onkosten of het verhoudingsgetal billable versus non-billable medewerkers (de overhead). En nog een hele interessante indicator: het aantal dagen dat debiteuren uitstaan. Tot slot uiteraard de omzet, de operationele winst en dat soort saaie cijfers.

Je kunt je voorstellen dat je voor ieder soort business wel een

twintigtal, makkelijk uit te rekenen indicatoren als de hierboven genoemde kunt bedenken.
Bij BSO publiceerden wij de complete tabellen waar iedere werkmaatschappij zich op alle indicatoren met alle andere cellen kon vergelijken. Zo konden ze ook bij elkaar zien hoe het erbij stond en dan glimlachen, jaloers worden of inspiratie bij elkaar opdoen. "Hé zeg Ron, hoe doe jij dat, je hebt een uitval van 12,6 en 1:7,5 overhead en toch maak je een marge van 11,3?" Enfin, Ron is dan wel weer bereid om zijn geheim, al dan niet tegen inlevering van een fris biertje, met zijn collega te delen.

Kort samengevat: als je iemand een duidelijke opdracht geeft en hij mag dat geheel naar eigen inzicht doen, dan willen beide partijen aan het eind van de rit wél weten of de taak af is, of het 'gelukt' is, liefst behoorlijk precies. En dat is waar rapportage over gaat.
Niks gezellige vriendenclub onder het motto 'we zien wel'. Nee, afspreken wat je voor elkaar doet, dat dan vervolgens doen en aan het eind van de rit secuur rapporteren wat de resultaten zijn. (En als de rit een beetje lang duurt, dan wil je tussendoor ook graag weten hoe de vlag erbij hangt.) Ook als je bevriend bent is het fijn als je elkaar niet voor ongewilde verrassingen plaatst.
Ach, misschien was het toch eigenlijk wel een goede titel, die 'vriendenclub'.

21 x 8 x 112,50 = 18.900
40% 7.560
11.340

## "RONDOM", HET GROTE

### WAAR HET OM DRAAIT

Heb je deze advertentie destijds ook in alle dagbladen en tijdschriften zien staan?

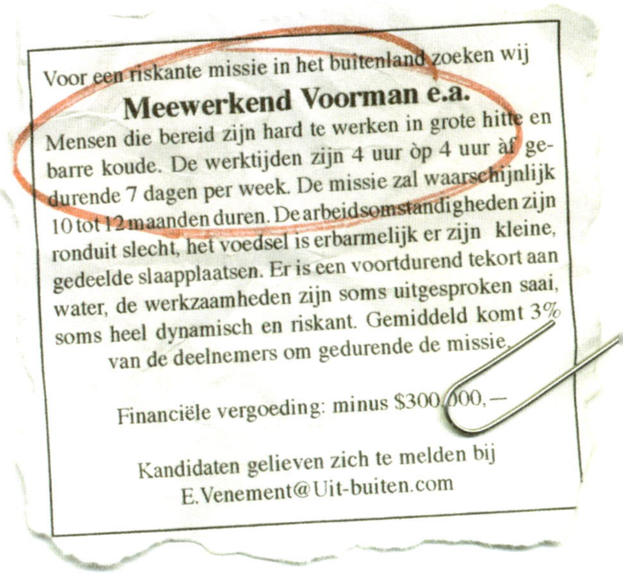
Voor een riskante missie in het buitenland zoeken wij

**Meewerkend Voorman e.a.**

Mensen die bereid zijn hard te werken in grote hitte en barre koude. De werktijden zijn 4 uur òp 4 uur àf gedurende 7 dagen per week. De missie zal waarschijnlijk 10 tot 12 maanden duren. De arbeidsomstandigheden zijn ronduit slecht, het voedsel is erbarmelijk er zijn kleine, gedeelde slaapplaatsen. Er is een voortdurend tekort aan water, de werkzaamheden zijn soms uitgesproken saai, soms heel dynamisch en riskant. Gemiddeld komt 3% van de deelnemers om gedurende de missie.

Financiële vergoeding: minus $300.000,–

Kandidaten gelieven zich te melden bij
E.Venement@Uit-buiten.com

Ja, je leest het goed: een zeer heftige baan met veel risico en niet alleen dat je er geen vergoeding voor krijgt, je moet zelfs ook nog drie ton voor in je warme knuisten hebben om hem te 'mogen' doen.

"Onzin natuurlijk," denk je, "niemand die zo'n baan wil". Toch vergis je je, er zijn zo'n vijf à zesduizend mensen per jaar die zo'n baan aannemen. Sterker nog: die daar al hun hele leven van hebben gedroomd: "Als ik later groot en rijk ben, koop ik een jacht en ga ik om de wereld zeilen." Dat is dan de baan die je te wachten staat. Soms wekenlang in totale verveling afpeigeren in de bloedhete windstilte, dan weer hoge zeeën, kou en storm. Dat is meestal het moment dat er iets breekt boven in de mast, zodat je naar boven moet bij windkracht 11. In doodsangst en je handen tot bloedens

toe openhalend aan het kapotte staaldraad.
Niet voor niets is er zoveel heldendom rondom oceaanzeilen!
En het kost je ook nog eens al je spaarcenten. Ouwe oceaanrotten zeggen altijd: "Zeezeilen is eigenlijk net zoiets als de hele dag onder een wiebelige koude douche staan en voortdurend briefjes van duizend verscheuren."

Maar waarom doen die mensen het dan? Wat is hun motivatie?
Natuurlijk het zien van de hele wereld, maar dat kan ook veel comfortabeler en goedkoper met een '*discount around the world*'- ticket van KLM of Singapore Air.
Om het echte motief te doorgronden, moet je naar de haven van aankomst. De bemanning gooit een lijntje over naar het naastliggende jacht, de captain daar ziet de door de barre reis geheel gehavende boot en vraagt: "Jemig, waar zijn jullie geweest?"
Het trotse antwoord is dan "Rondom". Uitgesproken met een big smile van trots over het hele hoofd. In die kringen betekent dat *rondom de wereld.* En als de stoere zeiler daar dan ook nog goed getimed aan toe kan voegen "linksom", dan is hij helemaal het baasje, want dat betekent van Oost naar West, tegen de heersende winden in.
De avonturiers zullen nog een hele tijd hun tafelgenoten amuseren of vervelen met bloedstollende verhalen over het grote avontuur.
En zo krijgen ze waar het allemaal om begonnen is, waar ze zo hard voor gewerkt hebben in bittere omstandigheden: blikken van grote bewondering.
En dat is waar wij - en de meeste anderen - hun werk voor doen.
Voor een teken van respect of dank. Een echt en oprecht "**DANK JE**! Jeetje, wat fijn dat het op tijd klaar is en *het werkt!*"
Dat zijn de motieven waar we voor werken, maar ook een simpel '*goegedaanjochie*' of een klopje op de schouder zijn in de meeste gevallen veel belangrijker dan het absolute bedrag van het salaris.
Een kreet als "Ik denk dat we onze mensen wat beter moeten

motiveren en ze 4% verhoging geven" is voor mij totale onzin.
Mensen zijn gemotiveerd naar je toegekomen. Alleen als je kans ziet om ze een duidelijk 'Rondom' te geven, oftewel een heldere missie of doelstelling die ze moeten halen en een heel voelbare erkenning – echt applaus – als ze het gehaald hebben, alleen dán krijgt iedereen het gevoel van voldoening.
En dat is waar het om begonnen is!
Het is daarom hyperbelangrijk dat iedereen in alle rangen en standen duidelijk weet wat zijn/haar missie of 'Rondom' is. Waar naartoe gewerkt moet worden. Dan kan iedereen ook gedurende de rit voor zichzelf uitmaken of hij het gaat halen en als het gehaald is blij en trots zijn. Zo werkt het.

In de hier beschreven sfeer van duidelijke uitdagingen en erkenning van het behalen daarvan, zit niemand advertenties te lezen om te kijken of er ergens anders een paar duizend euro meer te verdienen valt. Het gáát helemaal niet om geld. De enige rol die geld wel kan spelen, is dat een significant te lage vergoeding soms als een echte maandelijkse belediging wordt ervaren. Ja, dan moet je daar toch even naar kijken, maar als het goed is, zul je daar nooit door worden verrast. Want financiële frustraties komen vanzelf in de fieldmanagementgesprekken aan de orde (zie het hoofdstuk **'Personeelszorg,** een paar blote meiden op een roze olifant'.)

# SCHOUDERKLOP

### DAT IS NOG EENS ZAKEN DOEN!

"Oh, wat een mooie tekening! Mag ik die houden? Is-ie echt voor mij? Nou daar ben ik wel heel erg blij mee." Glunderend gaat de peuter aan de slag om het volgende kunstwerk voor je te vingerknoeien en daarop nog meer zijn best te doen.
Zo werkt het sinds mensenheugenis.
En kun jij je nog herinneren wanneer je voor het laatst een complimentje van je baas hebt gekregen? Dat kun je vast wel, hoewel het niet noodzakelijk je baas hoeft te zijn geweest. Het mag ook een collega, je commissaris, een medewerker of klant zijn. Iemand die er voor jou toe doet. Als je maar voelde dat het compliment oprecht en welgemeend was!
Je begrijpt dat ik het dus niet heb over de routineuze slijmbalopmerkingen waar vooral de Amerikanen zo goed in zijn. Die zeggen bijvoorbeeld: "Oh, I am sooo glad you are helping me here to find the right way", als je net hun strategisch plan finaal de grond in hebt geboord.
Waarom is een schouderklopje nou zo belangrijk? Zijn we dan nog steeds zo kinderachtig als die peuter?
Ja en nee.
**NEE**, want we hebben geleerd om door die bullshit van die slechte eenakter van "Mag ik die echt houden?" heen te kijken. Temeer daar de enthousiaste tante/oom bij het weggaan ook nog vergeet die tekening mee te nemen.
Maar nog steeds een volmondig **JA** voor de extra energie die een welgemeend compliment geeft. Dat is fijn, omdat iemand zich kennelijk in jou verdiept heeft, heeft gezien wat je hebt gedaan en daarvoor respect toont.
Daarna ga je, tevreden over het feit dat je weet dat je het kúnt en dat het gezien wordt, weer met meer energie aan de slag om het zo mogelijk nog beter te doen.

Wat we dus vaststellen, is dat een welgemeend schouderklopje ongelooflijk veel extra energie geeft. En het kost niks!
Wat wil je nou nog meer? Een boel extra energie uit je medewerkers tegen nul extra kosten.

Ja, dat is nog eens zaken doen!
Dit concept is niet nieuw en in ieder bedrijf belangrijk, maar ik noem het hier, omdat het dubbel waardevol is in het cellenconcept. Omdat je daar lééft van de energie van mensen die vaak niet bij je in huis zijn. Die kunnen af en toe, als je in de buurt bent, wel wat extra bevestiging gebruiken voor het feit dat ze goed bezig zijn.
Maar als het dan zo'n *energizer* is die zo oud is als de weg van Rome, waarom gebruik je het dan zo zelden?
Je hebt net vastgesteld dat je je het laatste compliment dat je gekrégen hebt nog precies kunt herinneren. Maar wanneer was nou de laatste keer dat jij een schouderklopje gegéven hebt, aan je naaste medewerker, je collega? Een echt welgemeend compliment, waarin je ook gezegd hebt wat je speciaal waardeerde. En niet in de zin van "*thank you so much, I do appreciate that*". Eerlijk zeggen!
(En hoeveel mensen rapporteren er aan jou?)

DAT KAN BETER, TOCH?

# STAFAFDELINGEN

## EN DE HARDNEKKIGHEID VAN MACHT

Iedereen vindt staven en stafdiensten een soort noodzakelijk kwaad, kennelijk onmisbaar, maar tegelijk een soort lemen laag of politbureau, dat alle wendbaarheid en snelheid uit een bedrijf haalt. Hoe komt het dan dat de bazen van de bedrijven die die stafdiensten zelf in het leven hebben geroepen[1] daar niets tegen kunnen doen? Waarom is dat zo'n taaie massa?

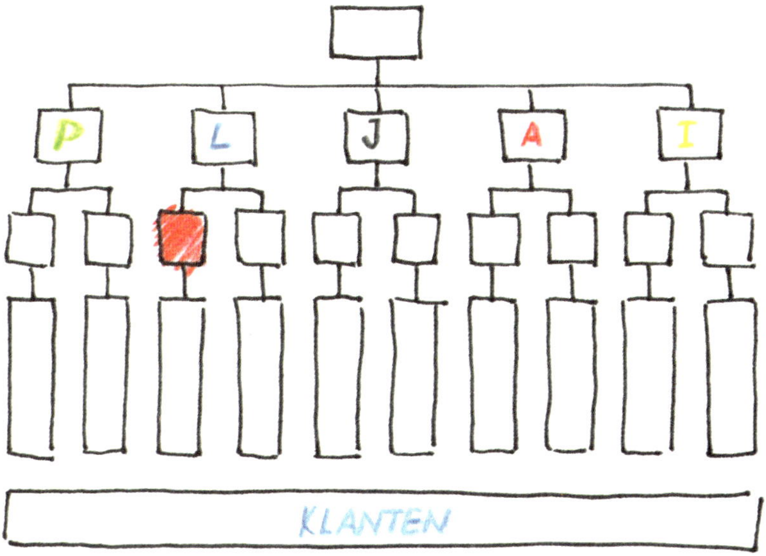


Stel: Je bent de persoon in het rode vakje van bovenstaand organigram en je wilt een verandering in het leven roepen, bijvoorbeeld jouw marketing meer interactief web-based maken. Dan krijg je te maken met **PZ**, want je hebt een andere webmaster nodig. Maar

---

[1] zie ook het hoofdstuk '**Dubbel werk, angst voor,** *het ontstaan van een bureaucratie*'.

je krijgt ook te maken met Marketing, want je wilt de papieren brochures stoppen. Met Automatisering, want je hebt een nieuwe server nodig. Met Logistiek, want er gaat minder gemaild worden. Met Juridische Zaken want, … En ga zo maar door. Als je dan bij zo'n afdeling aanklopt, krijg je gegarandeerd te horen: "Sorry hoor, voorlopig even geen tijd, al je collega's zitten al aan m'n kop te zeuren. Kom volgende maand nog maar eens langs, het is nu te druk."

En het gekke is dat dat nog waar is ook. Maar ja, hoe lang gaat het nou duren voordat jij je interactieve marketing voor elkaar hebt? Heel lang, dus.

Die staven werken inderdaad voor 'iedereen', hebben daardoor een soort interne gedwongen winkelnering voor alle andere afdelingen binnen het bedrijf. In deze wirwar van interdependenties hebben zij de macht van de prioriteitstelling. Ze hebben hierdoor volledig de macht van de timing in handen voor het hele bedrijf! In de praktijk ziet het keurige organigram van de vorige bladzijde er dan ook zo uit:

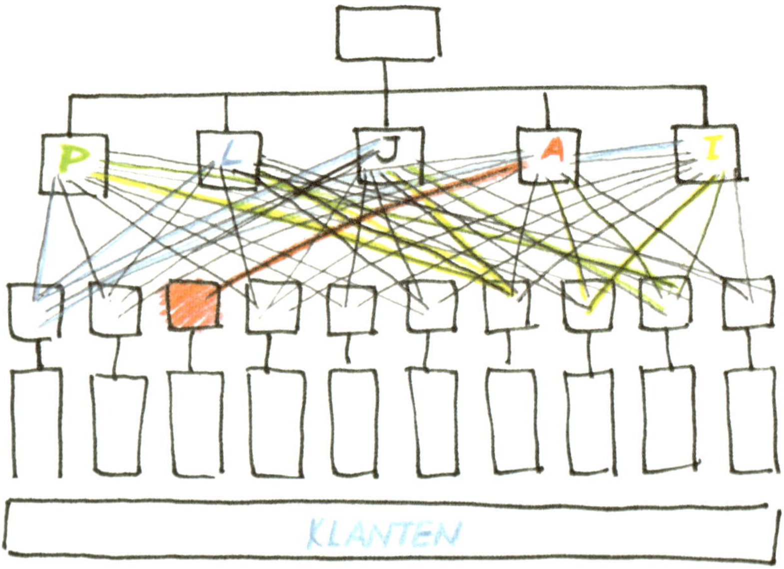

Iedere keer als ik dit plaatje zie, denk ik: "En wie van die vierkante hokjes is er nou met de klant bezig? Wie staat er in de winkel?"
Ziehier de wortel van de macht. De staven zijn inderdaad niet weg te denken, want alle operationele klantgerichte units hebben al hun kennis op die vakgebieden buiten de deur gedaan (zie hoofdstuk 'Dubbel werk...') en hebben die diensten sindsdien echt knetterhard nodig.
Vraag een gemiddeld middelmanager in een bureaucratie: "*Vind je de stafdiensten ook a real pain in the ass?*" en het antwoord is zonder meer: "Ja".
Maar vraag je: "*Zou je zonder de staven je werk kunnen doen?*", dan is het antwoord vast en zeker: "Nee" .
Een prachtexemplaar van een Catch 22.

Maar ja, daarom zit je ook dit boek te lezen, toch?
Immers, bij een echte celstructuur heb je hier geen last van.

## STANDAARDS, DE ONONDERHANDELBARE

### MAAR NIET ONVERANDERBAAR

Dit is even een saai en taai onderwerp, maar wel superbelangrijk om te begrijpen als je ooit je bedrijf volgens de celfilosofie wilt laten werken. Zonder 'standaards' strandt iedere poging om tot een celstructuur te komen in een hopeloze verzameling bedrijfjes die als los zand aan elkaar hangen. Die bovendien geen enkele toegevoegde waarde voor elkaar hebben, maar wel een nodeloze hoeveelheid overhead creëren.

Als je dat wilt voorkomen, moet je dus zorgen dat de cellen

- door naamgeving, logo, huisstijl, advertenties en andere uiterlijkheden herkenbaar zijn als één bedrijf, en dat ze
- door administratieve standaardisatie ook als samenhangend geheel bestuurd kunnen worden.

Wat betekent dit in de praktijk?

Je hebt te maken met twee soorten standaards. Een paar knetterharde en in handboeken goed vastgelegde standaards aan de ene kant en een heleboel niet hárd vastgelegde, maar daarom niet minder belangrijke gewoontes en gebruiken aan de andere kant.

Van de knetterharde standaards zijn er niet zo veel, maar die er zijn, zijn heel secuur vastgelegd in handboeken en/of software. Zij vormen de harde kern van de 'goedgeoliede machine' die door de buitenwereld wordt waargenomen en ze zijn het hart van de interne administratie. De belangrijkste onderdelen zijn:

- De centraal ontwikkelde administratiesoftware, waaronder het boekhoudpakket waarin alle codes voor transacties vastliggen. Iedere cel gebruikt exact dezelfde nummers voor de verschillende journaalposten.
- Het projecthandboek, met duidelijke richtlijnen en instructies om te voorkomen dat aangenomen projecten uit de hand lopen.

- Het personeelshandboek, waarin de rechten van de medewerkers zoals aantal vakantiedagen en studiedagen per jaar, rechten m.b.t. lease-auto's, pensioen- en spaarregelingen en dergelijke.
- Het huisstijlhandboek, waarin op de mm en PMS-kleur nauwkeurig is vastgelegd hoe briefpapier, een visitekaartje, een naambord aan een lantaarnpaal of op de gevel er uitziet. Ook liggen hier kleur, fontgebruik en 'signature' vast voor de e-mail, evenals de templates voor webpagina's.

Met deze 'harde' standaards wordt bereikt dat companywide de administraties gemakkelijk kunnen worden geconsolideerd en dat de buitenwereld een gestandaardiseerd beeld krijgt.
Maar dat is niet voldoende.

Daarnaast zijn er de standaardgewoontes en -gebruiken. Zij zijn de finishing touch, die ook het gevóél en de perceptie van samenhang en eenheid geven aan het bedrijf. En dús even belangrijk zijn als de geschreven standaards.
Hieronder heb ik flink wat van dit soort gewoontes opgesomd zoals die bij BSO waren ingevoerd. Niet om te kopiëren, maar om een idee te geven wat voor soort gewoontes het karakter kunnen bepalen van een bedrijf. Ik noem er veel, browse er lekker doorheen en bedenk wat voor gewoontes of regels voor jou van belang zijn en die jij zou invoeren om te zorgen dat iedereen, klant, medewerker en bezoeker hetzelfde thuisgevoel krijgt, ongeacht in welke cel hij zich bevindt.

Als het om de medewerkers gaat:

- Iedere medewerker krijgt tien maal per jaar een informeel fieldmanagementgesprek.
- Alle cellen hebben tien maal per jaar een informele meeting om bij te praten en plezier te maken.
- Alleen de directe supervisor kan iemand ontslaan of aannemen, niemand 'daarboven' (overleg mag natuurlijk wel, graag zelfs).

- Er wordt ieder jaar een 'personeelsenquête' gehouden om te kijken hoe iedereen zich voelt (naar scores onder de 7.0 moet gekeken worden).
- Als iemand ontslagen moet worden, doen we dat zó dat hij/zij met geheven hoofd de poort uitgaat.
- Iedereen noemt iedereen bij de voornaam, door alle rangen en standen heen. Zie ook kader.
- De norm is een maximum gemiddeld personeelsverloop van 5% jaarlijks.
- Ziekteverzuim onder de 2%. Als die percentages hoger zijn is er waarschijnlijk iets mis met de sfeer.

Over de communicatie:

- Er is maar één woordvoerder voor het bedrijf en dat is de baas van de holding of degene die deze voor dat specifieke onderwerp aanwijst.
- Geen kerstkaart de deur uit waar niet een persoonlijke boodschap op staat.
- Je laat een telefoon nooit langer dan drie keer rinkelen.
- Een BSO'er komt nooit te laat.

De kantoren:

- Cellen zitten in principe niet bij elkaar in hetzelfde kantoorpand.
- Alle kantoren worden door dezelfde interieurarchitect ingericht, die de stijl in de gaten houdt, o.a. zwart essen bureau, geen verplaatsbare systeemwanden en alleen grote planten in grote potten van minimaal 40 cm. (Weet je nog?)
- Ook de koffie straalt kwaliteit uit: alleen échte koffie in een echt kopje.
- De telefoon wordt aangenomen door iemand die geïnteresseerd is en de weg weet in het bedrijf (meestal de secretaresse van de cel).

Of over de markt:

- Wij doen geen verkoopactiviteiten bij prospects die niet minstens 100 K euro te besteden hebben.
- Wij verkopen alleen diensten, geen producten.
- Alle klanten worden jaarlijks geënquêteerd over hun bevindingen m.b.t. onze kwaliteit. Scores onder de 7,5 op een schaal van 10 zijn onaanvaardbaar.
- Prijzen van de dienstverlening zijn niet noodzakelijk voor alle cellen hetzelfde, de kosten zijn immers ook niet in alle regio's identiek. Maar de tarieven worden wel volgens hetzelfde algoritme berekend. (Oei, wat is daar soms mee gesjoemeld!)
- De prijzen zijn scherp gecalculeerd en 'dus' ononderhandelbaar.
- Wij zijn dus ook niet van de 'aanbiedingen'.

Over rekrutering:

- Er is een standaard minimumopleiding en ervaring vereist voor alle functies. (Deze zijn door alle cellen heen hetzelfde.)
- Kandidaten worden door minimaal drie mensen geïnterviewd, waarvan minimaal één manager en één collega (*'peer'*).
- Poten af van medewerkers van andere cellen. Er wordt daar niet gerekruteerd. (Daar is volgens mij bij ons ook heftig mee gesmokkeld.)

Communicatie onderling:

- Er wordt altijd voor de 8e van iedere maand gerapporteerd.
- Iedereen heeft inzage in de rapportage van alle cellen.

Monique, de meelezer van dit boek, merkte hierbij op: "Ja, dat zijn allemaal nogal Eckartiaanse regels." Inderdaad, ik heb zo mijn stempel gedrukt op mijn bedrijf, jij drukt jouw stempel op het jouwe. Maar zorg wel dat er door jouw stempel ook jouw echte eigenheid is.

Zoals gezegd staan deze 'huisregels' niet op papier. Zij gaan door overlevering van oude cel op nieuw afgesplitste cel. Vergeet niet dat de directie en medewerkers van een nieuw op te richten cel allemaal oude rotten zijn die de 'huisregels' al kennen[1], daarna komen pas de nieuwelingen er bij.
Belangrijker in dit hoofdstuk is om in te zien dat het hier gaat om *standaards*, niet om *procedures*. Loop het lijstje nog eens langs, dan zie je dat het hoofdzakelijk over 'gedrag' gaat of hele simpele regeltjes, maar niet om procedures.
Meer zoals bijvoorbeeld een standaard als: wij werken in Europa met 230 Volt en de stekkerpootjes zijn 19 mm uit elkaar en zijn 2 mm dik. Dat is handig, dan passen alle apparaten op alle stopcontacten en kun je lekker met elkaar werken.

Een procedure is heel iets anders, daar komen meestal handboeken aan te pas, die niets aan het eigen initiatief van de gebruikers overlaten (en meestal ook uitgaan van het minimum toelaatbare IQ en totale afwezigheid van common sense). Doorbordurend op de stekker zou je aan iets kunnen denken in de trant van: "*Zorg dat het apparaat in de buurt van het stopcontact staat, controleer met een spanningzoeker of er stroom staat op de contactdoos, probeer eerst het linkergat, vervolgens het rechter. Zorg dat u geen metalen delen aanraakt, met uitzondering van de achterkant van de spanningzoeker. Volgens voorschrift van de algemene arbeidsvoorwaarden (Hfd. 37, sub 15) is het niet toegestaan deze handelingen te verrichten buiten de aanwezigheid van minstens twee collega's. Het is voldoende als de spanningzoeker slechts bij een van de contactopeningen oplicht, mocht dat niet het geval zijn, controleer dan uit het raam of er onweer in de lucht hangt. Zo ja, controleer de stoppenkast of er een stop is doorgeslagen, zo neen, neem dan maatregelen zoals beschreven in Hoofdstuk 4.7.*

---

1) Zie het hoofdstuk '**Celdeling**, *een verslavend mengsel van pijn en vreugde*'.

*Bij twijfel waarschuw het Hoofd Algemene Dienst, alleen tijdens kantooruren van 9.00 tot 12.00 uur en van 14.00 tot 17.00 uur (Hoofd A.D. heeft recht op 2 uur lunch). Tegen de tijd dat u helemaal over de rooie bent, bel dan 112 en vraag om een ambulance voor opname in de dichtstbijzijnde inrichting."*

Procedures zijn dus niet wat je wilt, maar standaards zijn onmisbaar bij een celstructuur, omdat zij zorgen voor

- herkenbaarheid door externen (marketing);
- herkenbaarheid door eigen mensen, het veilige thuisgevoel;
- gemak van samenwerking door het op elkaar kunnen aansluiten van boekhouding, communicatie of software;
- kwaliteitsstandaard: als je dit bij ons koopt weet je zeker dat... vul maar in.

Een celstructuur lijkt dus een beetje op een franchiseorganisatie. Hoewel ze allemaal verschillend zijn, heb je toch direct een gevoel van herkenning in alle Mexx-winkels of McDonald's-zaken en zo hoort het bij cellen ook te zijn.

Iedere eerste van de maand was bij ons 'Introductiedag'. Dan kwamen alle nieuwe medewerkers van alle cellen die die maand begonnen bij elkaar in het holding-gebouw. Eerst ontvangst met taart en koffie, elkaar een beetje leren kennen. Stipt om negen uur in de grote vergaderzaal (50 stoelen bioscoopopstelling) een filmpje over het bedrijf met wapenfeiten maar ook een flinke dosis zelfspot. De rest van de dag werd door mij en enkele collega's ingevuld met multimediale presentaties over de BSO-filosofie. Over wat we bij ons belangrijk vonden en wat niet. Over onze eigenheid, dus. Dat je bijvoorbeeld best groen haar en oorbellen kon dragen, maar er wel rekening mee moest houden, dat als je er bijzonder uitzag, er ook iets bijzonders van je verwacht werd. Of dat we elkaar door alle rangen en standen heen bij de voornaam noemden. Dat is lekker voor het familiegevoel en voorkomt het "Ik mag Eckart tegen meneer Wintzen zeggen"-syndroom. De introdag was een topdag voor allen, heel informeel, veel lachen en hét moment om heel open met de 'bazen' te praten en elkaar te leren kennen. Tot slot nog een biertje en bij de uitgang voor iedereen een mooi koffertje, gevuld met saaie dingen als urenstaten en het BSO-adresboekje. Maar ook met allerlei handige dingetjes, variërend van eigen visitekaartjes en nagelknipsetje tot de kaart van Nederland en een parkeerschijf. Daarna met een grote verse bos bloemen voor het thuisfront weer naar huis. De eerste dag bij deze nieuwe werkgever. Er is geen BSO'er die zich die eerste dag niet meer kan herinneren.

## EN HOE STRIKT ZIJN DIE STANDAARDS?

**DE ENE SOORT STANDAARD**, die in de categorie *gewoonte* of '*mores*' is van nature ononderhandelbaar, want van het type 'zo doen we dat hier'. Gewoon door het verleden, of omdat de 'baas' het zo bewust heeft laten groeien.

Het is de eigenheid van het bedrijf, de 'sfeer' waar het bedrijf aan wordt herkend. Wij hebben die bij BSO altijd erg gecultiveerd. De BSO'ers en de buitenwereld vonden het beiden fijn dat we een eigen karakter hadden. Wat voor karakter of persoonlijkheid dat is, dat doet er eigenlijk niet toe, als het maar 'eigen' en herkenbaar is.

In een geografisch gedistribueerde celstructuur waar de cellen in afzondering opereren en veel vrijheid hebben, is het dan ook belangrijk dat iedereen zich aan de gewoontes houdt!

Als dat zo is, en bij ons was dat zo, ondersteunt dat enorm het saamhorigheidsgevoel en voorkomt het de 'los zand'-dreiging.

Mijn advies voor ieder bedrijf, cellen of niet:

> Cultiveer je sfeer, je gewoontes en gebruiken, hoe sterker de eigen cultuur, des te groter het gevoel om er bij te willen horen.

**DE ANDERE STANDAARDS**, zoals de wijze van boekhouding, frequentie van rapportage, huisstijl, computers en basissoftware (Apple of Windows) zijn van een ander type. Zij zijn een absolute sine qua non! Zij bepalen het naadloos communiceren met elkaar en dat is van wezenlijk belang voor elke organisatie, niet alleen voor een celorganisatie.
Over deze standaards wordt **NIET** onderhandeld. Het is een enorm tijdverlies en een totale 'no go' als een cel bijvoorbeeld zegt: "We hebben nou toch een handig klanten- en factureersysteem gevonden! Wij doen niet meer mee met de standaard."
Totaal ondenkbaar om hierop serieus in te gaan. Binnen de kortste keren wordt het dan een gigantische spaghetti van leuke, handige, historische, zelfgefröbelde subsysteempjes, dusdanig dat je niets meer op elkaar kunt aansluiten, noch met elkaar vergelijken.
Nee dit soort systemen zijn echt, echt, echt keihard ononderhandelbaar. Net als de maten van een stekker, daar onderhandel je toch ook niet over! Ook al is de stekker tegenwoordig groter dan het hele apparaat dat de stroom nodig heeft, de stekker moet wel passen!
Wat een cel wél kan doen, is aan de holding doorgeven dat er een nieuw superhandig xx-systeem op de markt is en hen vragen te kijken of dat inpasbaar is in het bestaande systeem. Dat kan natuurlijk altijd.

Wellicht wordt het dan de standaard van volgend jaar.
Want zoals gezegd: standaards zijn niet onveranderbaar, ze moeten wel met de tijd meegaan.

## TOPKWALITEIT

### EEN SOMMETJE TUSSENDOOR: K = E × V

Op een gure zaterdagochtend laat de centrale verwarming ons in de steek. De monteur die ik bel is net voor zichzelf begonnen en vreselijk enthousiast. Zo bevlogen en gepassioneerd, dat hij binnen 15 minuten al bij ons op de stoep staat. Koffie? Nee dank, ik ga meteen aan de slag. Ik loop met hem mee de kelder in en vertel de symptomen van de laatste stuiptrekkingen van het apparaat. Met één haal trekt hij de kap eraf, begint schroeven los te draaien, slangetjes los te trekken, water af te sluiten, verbreekt tegen alle daarop staande waarschuwingen in het zegel van het kapje waar alle elektronica in zit en klikt het los. Dan begint hij met een naar mijn smaak veel te grote schroevendraaier in de fijne elektronica te morrelen en wipt achteloos zo'n stuk of vijftien willekeurige draadjes los. Langzaam bekruipt me het gevoel dat hij wel een ontzettende *eager beaver* is maar toch misschien niet zo'n geweldige vakman. Ik vraag voorzichtig of hij dit model al eerder onder handen gehad heeft. "Nee 't is mijn eerste centrale verwarmingklus", lacht hij mij toe, "maar we gaan dit varkentje wel even wassen". Zoals je al geraden hebt, brengen we dat weekend in ijselijke koude door.
Stelling één: veel Enthousiasme maal nul Vakmanschap levert nul Kwaliteit op.

(K = E × 0 = 0)

Nou, neem dan die ene tuinman, op en top vakman. Als je een willekeurig takje zelfs zonder het blad oppakt vertelt hij je wat het is, hoeveel zon het moet hebben en wat voor soort grond, wanneer het geplant moet worden, hoelang het bloeit en wat de belangrijkste parasieten zijn. Jaren geleden legde deze crack bij mij een stuk nieuwe tuin aan. Okay, een jaar later dan gepland want: "*Ach ja, ik loop eigenlijk in de ziektewet en hoef niet te werke en dan komp er weer dit tussen en dan weer dat."*

"Moet je wel zorgen dat al die nieuwe planten blijven leven als ik vlak daarna voor een maand weg moet naar het buitenland", waarschuw ik nog. *Ja, want zomerdroogte daar kenne die jonge plante ech nog niet tege",* hoor ik hem nog zeggen. Ik was natuurlijk gewaarschuwd, een tuinman die een jaar te laat begint. Toen ik na zes weken thuiskwam, zag de tuin er uit… daarbij vergeleken was Afghanistan nog een lustparadijs, nul water gekregen. "*Nee, 't is er toch niet van gekome, ja het was zo vreselijk heet, weet je, niet zo'n weer om te kome werke dusseeh…"*

Stelling twee: veel Vakmanschap maal nul Enthousiasme levert ook nul Kwaliteit.

$$(K = 0 \times V = 0)$$

Dat is nou zo lekker aan die cellen. Iedereen is enthousiast, want het is fijn om in iets wat aanvoelt als een vriendenclub te werken. En in een bedrijf met enthousiaste mensen krijg je gemakkelijk en dus veel sollicitanten, waardoor je de beste vaklui eruit kunt pikken en alleen die die ook nog eens lekker bij de groep passen. Zo krijg je snel een heel hecht team. Ik weet zeker dat onze klanten van ons hielden omdat onze mensen dit uitstraalden. Ze waren heus niet vakkundiger dan de mensen van de concurrent, maar wel enthousiaster. Die kwaliteit (K) werd door de markt navenant hoog aangeslagen. Een win-win-win voor iedereen.

Stelling drie: Kwaliteit is Vakmanschap maal Enthousiasme.

$$K = V \times E$$

En als beide hoog zijn, krijg je echte topkwaliteit. Een simpel sommetje, daar hoef je echt geen wiskunde voor te hebben gestudeerd. Toch?

# VERANTWOORDELIJKHEID

## DE PARABEL VAN DE AAM-BIJ EN DE WESP[1]

Het deprimerende ouderwetse stadsziekenhuis was verplaatst naar een fraaie locatie buiten de stad. Daar was een nieuw, fris en doelmatig gebouw opgetrokken. De architect had kennelijk de opdracht gekregen om het gebouw te ontdoen van de toch altijd enigszins angstwekkende sfeer die een ziekenhuis van nature eigen is. Men had zich zichtbaar laten adviseren door alle soorten –gogen en –logen. Verantwoord kleur- en materiaalgebruik, veel planten, brede gangen en zitjes die je met enig optimisme misschien zelfs wel knus zou kunnen noemen.

Kort na de opening bezocht ik er iemand die mij zeer dierbaar is en die een aambeienoperatie had ondergaan. Een kleine, maar hoogst pijnlijke ingreep. Vóór de operatie niet eten, na de operatie enkele dagen kunstmatige voeding om het systeem te ontzien. Ik bezocht haar op de dag dat zij voor het eerst weer wat mocht eten. En daar stond dan – hygiënisch in veel plastic verpakt – de eerste maaltijd na vijf dagen vasten: chili con carne! Best lekker natuurlijk. Maar de gedachte aan het gevoel dat je krijgt ná het passeren van de darmen van de verse pepertjes kon de patiënt niet bepaald opbeuren. Gelukkig kwam er een zuster binnen en ik vroeg haar of er ander eten gebracht kon worden. “Daar ga ik niet over, mijnheer, dat moet u aan de hoofdzuster vragen!” Ik ging naar de gang waar iemand achter een pontificale balie zat. Ook zij bleek niet bevoegd. Ze verwees me naar een soort kantoortje. Há, de hoofdzuster! Probleem uitgelegd, maar ook zij bleek er slechts gedeeltelijk over te gaan. Ze keek op een lijst en riep blij dat het niet haar probleem

---

1) Deze parabel schreef ik jaren geleden als inleiding voor het boek ‘Drie in een’ van Hans Velu en werd ook als zodanig gepubliceerd.

was, dat zij voor kamer 216 geen dieet had staan en ging door met haar werk. "Maar kunt u dan voor ander eten zorgen?", probeerde ik nog hoopvol. Maar dat bleek niet het geval. "Dan moet u bij de afdeling catering zijn." Ik liep door het labyrint van gangen, op zoek naar een etenskarretje, maar kreeg niets in het vizier.
Dan maar weer terug naar de hoofdzuster om mij verder op weg te laten helpen in het vinden van de juiste richting. Verstoord keek zij op van haar werk met zo'n gezicht van 'Ben je daar nou alwéér'. "Nee, dat klopt," zei ze, "want de catering is hier tot twee uur en het is inmiddels vijf over twee." Ik verzamelde al mijn assertiviteit en vroeg haar of zij niet alsnog voor wat eten kon zorgen voor een uitgehongerde patiënt. En met al háár assertiviteit deelde zij mij mede dat dat niet het geval was en stortte zich weer vol ijver op haar verantwoordelijke werkzaamheden. Wat is verantwoordelijk?
En wie?... Kennelijk niemand.

Afgelopen zomer had zich in de la van mijn oude houten tuintafel een wespennest gevestigd, zich toegang verschaffend via het uitgelubberde sleutelgat van die la. Ik deed mijn best om een soort ecologisch evenwicht in m'n tuin te handhaven en verwierp dus, na een korte aarzeling, de gedachte om het hele nest met een simpele druk op de knop van een voor enkele guldens verkrijgbare bus chemische troep om zeep te helpen. En zo leefden wij enkele weken in redelijk vreedzame cohabitatie. Wij leefden samen onder de ongeschreven afspraak dat zij mij niet lastig zouden vallen als ik m'n glazen, borden en kopjes maar záchtjes op tafel zette, want van harde dreunen werden zij ontzettend zenuwachtig. Op een warme avond kreeg ik een flink gezelschap te eten en bedacht met enige zorg dat dat natuurlijk nooit goed kon gaan met dat 'zachtjes neerzetten'. Dilemma dus. Ik besloot tot een compromis. In de aanname dat tegen zonsondergang alle leden van het wespengezelschap wel thuis zouden zijn, moe en tevreden van een dag vol drukke bezigheden, plakte ik het sleutelgat dicht met een stukje papieren afplakband

met het vaste voornemen dit weer te verwijderen als wij naar bed gingen. Het bleek een nogal stupide beslissing. Ze waren nog láng niet allemaal thuis en een woedende menigte eiste toegang tot hun huis. Zo woedend, dat mij de moed ontbrak om de tafel nogmaals te benaderen en met het ecologische schaamrood op de kaken besloten wij elders de maaltijd te nuttigen met het voornemen om de tape de volgende dag, als de rust was weergekeerd, weer te verwijderen. Toen ik de volgende dag terugkwam, zag ik dat de rust inderdaad was weergekeerd. Maar wie schetste mijn verbazing toen ik zag waarom? Met vereende krachten had men een doorgang via een kleine spleet geforceerd en daarop zo'n keurig wespennest-tuutje gemetseld, gebruik makend van… het rolletje papieren tape dat ik op tafel in mijn overhaaste laffe aftocht had achtergelaten. Wat is verantwoordelijkheid? En wie precies was er nou verantwoordelijk voor deze actie?
Kennelijk alle leden van de kolonie!

Moraal? Eén ding is zeker, die nieuwe uitgang is niet tot stand gekomen middels het directoraat generaal nestbeheer, een afdeling uitgangsconstructie, adviescommissies, een directie materiaalbeheer en stuurgroepen, maar door een collectief én persoonlijk verantwoordelijkheidsgevoel. Ook bij mensen is dat veel groter dan algemeen wordt aangenomen. Alleen wordt deze verantwoordelijkheid systematisch om zeep geholpen door mechanistische, verkokerde organisatie- en managementstructuren en duffe procedures. Of zou de hoofdzuster net zo gereageerd hebben in haar eigen omgeving? Als bijvoorbeeld de buurvrouw ziek was of haar eigen kind?

1200
LUNCHEN
MET MIJ!
-X-

## VERGADERINGEN, BELANGRIJKE

### EN WAAROM IK DAAR NOOIT BIJ ZIT

Dit hoofdstuk kunnen we kort houden. Vergaderingen zijn zelden productief, er wordt bijna nooit iets beslist, want de echte beslissingen zijn al lang van tevoren 'afgetikt'. Ze worden niet bijgewoond door de mensen die er voor het onderwerp toe doen, maar door degenen die je niet níét kunt uitnodigen. Het is wat dat betreft net als bij een feestje: ' Ja, als we die uitnodigen moeten we die ook uitnodigen'. Iedereen die er komt denkt dat-ie zichzelf waar moet maken door minstens één keer iets te zeggen onder het motto 'hoe meer je aan het woord bent, hoe beter voor het bedrijf (en je carrière)'. Alle aanwezigen hebben een 'achterban' zonder welke zij niets durven te beslissen. Dus als er iets nieuws op tafel komt, moet er eerst ruggespraak gehouden worden. De beslissing moet daarom naar de volgende vergadering worden doorgeschoven. Aangezien alle deelnemers van de vergadering hoogst belangrijk zijn, hebben ze drukke agenda's dus is de volgende datum dat iedereen kan waarschijnlijk pas over twee à drie maanden.
Tegen die tijd is iedereen vergeten hoe het ook alweer zat en wordt de discussie nog een keer herhaald. Hetgeen weer nieuwe punten op tafel brengt die dan weer met de achterban moeten worden besproken, dus wordt de beslissing doorgeschoven naar de volgende keer... Het is net de overheid met onderwerpen als de Betuwelijn of zo.

Het grote voordeel van de cellen is dat die klein zijn, dus daar kan bijna alles volledig informeel worden afgestemd en besloten. Bij de holding is het wat mij betreft hetzelfde: als je met drie à vier man niet tot een zinnige beslissing kunt komen, dan moet je het maar in je eentje doen. Loop even bij een paar mensen binnen die met deze beslissing te maken hebben, luister naar ze en neem die beslissing! Kwestie van lef!

Na een paar jaar het vergadercircuit van de bedrijven waar ik werkte bekeken te hebben, heb ik op een dag besloten dat alle vergaderingen met meer dan zeven mensen langdradig en ineffectief zijn. Voor mijn kamer heb ik toen een ovale vergadertafel laten maken, waar door zijn vorm geen 'hoofd van de tafel' was en waar maximaal acht mensen aan pasten.
Iedere vergadering waar méér mensen zitten, daar hoor ík niet bij.
Ik heb uitgerekend dat mij dat in de loop van mijn leven alles bij elkaar zeker 8.000 uur vergaderen heeft bespaard.
Dat is vier jaar aan werkuren, èchte werkuren!

## VERKOOP, DE CENTRALE

### HET IEDER VOOR ZICH-PRINCIPE

Je hebt alleen een echte celstructuur als de cel een onafhankelijk *profitcentre* is[1].

*Profit*, winst dus, is het verschil tussen inkomsten en kosten. Okay, dat wist je al. Daarom kunnen we dit hoofdstuk extreem kort houden.

Als je cel de volle verantwoordelijkheid heeft voor de winst, is hij dus ook volledig verantwoordelijk voor zowel de kosten als de inkomsten.

Wie verantwoordelijk is voor de inkomsten, is ook geheel zelf verantwoordelijk voor de verkoop.

Het excuus "Ja, we hebben ons budget niet gehaald, want ze hebben niet genoeg verkocht" is totaal ondenkbaar in een celstructuur. Iedere cel is verantwoordelijk voor zijn eigen verkoop. Ieder voor zich, dus!

Okay, nu nog een keer en dan allemaal tegelijk:

Goed zo!

1) Zie het hoofdstuk '**Cel, het slappe aftreksel**, *hoed u voor namaak*'.

# VERTROUWEN

## HEB VERTROUWEN. HEB VERTROUWEN. HEB VERTROUWEN

"Never trust anybody, not your business partners, not your board members, not your secretary!"

buldert het advies van Donald Trump door de luidsprekers van het congres voor jonge ondernemers in Dubai. De sjeikjes, prinsen, Abduls en Khaleds die speciaal waren gekomen om hem te ontmoeten zijn overigens voor niets gekomen, Meneer Trump heeft op het laatste moment afgezegd en spreekt het gezelschap toe via een videoverbinding.

Zou jij voor zo'n man willen werken? Ik niet in ieder geval en hij kan zich de postzegel voor zijn sollicitatie bij mij ook besparen.

Vertrouwen is waar het allemaal om draait bij het celconcept. De celdirectie wordt immers 'de boze wereld' van de markt in gestuurd met de opdracht het budget te halen. En mag dat doen op zijn eigen manier voor zover dat binnen de standaards past. Dat kan alleen als je vertrouwen hebt.

Vertrouwen in elkaars kunnen, vertrouwen dat er geen misbruik gemaakt wordt van de behoorlijk grote kasstromen die er door de werkmaatschappij gaan. Er is natuurlijk wel controle achteraf,[1] maar vergeet niet dat de celdirectie volledig tekeningsbevoegd is en dus over die kasstromen kan beschikken. Men kan personeel aannemen, mensen promoveren, spullen aanschaffen, auto's leasen, noem maar op. Ook kan – en dit is een interessant voorbeeld – de celdirectie beslissen dat het 'goed gaat', dat ze de budgetten easy gaan halen en alvast de medewerkers fêteren op een avondje peperdure musical met diner, een weekendje skiën of een weekend zeezeilen met een gehuurde schoener.

---

[1] Zie het hoofdstuk over '**Rapportage**'.

Dat doet hij dan uit de 'overwinst' die de cel denkt te gaan maken. Dit soort dingen is een van de grote zegeningen van de celstructuur. Het gevoel van vrijheid en vertrouwd worden dat er ook eens iets echt geks kan.
Wordt daar dan niet grof misbruik van gemaakt?
Nee, ik kan mij in mijn 20 jaar celervaring geen voorbeeld herinneren. Dat is nou de sfeer die je krijgt als je elkaar werkelijk vertrouwen geeft, dan wordt er vanzelf ook geen misbruik gemaakt. Dat is het grote cadeau van de celfilosofie! Ha, een cadeau dat Trump nooit zal krijgen. "Rubbish in, rubbish out", zeggen ze in de computerwereld en hier is het al net zo!
Dit is ook waar de celstructuur aan overleden is, toen Philips meerderheidsaandeelhouder werd en de boekhouding van Origin moest consolideren in hun eigen grote gebeuren. Ik was toen commissaris en hield krachtige pleidooien om het systeem zo te laten als het was. Maar helaas – in hun termen begrijpelijk – klonk het woord 'onaanvaardbaar' regelmatig en zeer dwingend uit de mond van mijn medecommissaris Jan H. van Philips. In de ogen van Philips was het een 'doodzonde' om mensen zo maar de bevoegdheid te geven personeel aan te nemen en al helemaal om kaartjes te geven voor de musical. Ik geloof dat we daar letterlijk een keer met rooie koppen woorden over hebben gehad in een commissarissenvergadering. Twee werelden botsten met elkaar, die van strikte financiële procedures gecombineerd met "check, check, dubbelcheck" en die van "heb vertrouwen, heb vertrouwen".

Zonder vertrouwen krijg je nooit een echte celorganisatie, maar dat wil niet zeggen dat je dan niet een succesvol bedrijf kunt runnen. Donald Trump is daar een prachtig voorbeeld van. Hij heeft duidelijk laten zien dat je zonder vertrouwen, maar met andere principes eveneens heel erg succesvol kunt zijn en rijk worden.

Twee 'scholen' dus, die van Donald en die van Eckart ☺.

Je mag zelf kiezen waar je je het meeste thuis bij voelt.

## VER WEG

### EN HOE WERKT HET DAAR NOU?

Even twee vraagjes: hoe goed kun je een internationale organisatie met dit model besturen, en is het iets wat überhaupt toepasbaar is buiten Nederland? Of is het celmodel iets typisch Hollands?
Het is duidelijk dat in de meeste multinationale organisaties de buitenlandse vestigingen toch meestal wel een celachtige graad van vrijheid hebben. Hoewel, ik weet wel zeker dat er in de meeste multinationals door het hoofdkantoor aanzienlijk meer dan noodzakelijk betutteld wordt. Waardoor er vaak toch heel veel ondernemersenergie in de buitenlanden nodeloos om zeep wordt geholpen.
Wanneer leren we toch eens dat onze expertise niet noodzakelijk nuttiger of wijzer of effectiever is dan die van de lokalen? De lokale mensen, die precies weten wat er in hun markt en cultuur het beste werkt. We hebben in het nabije verleden toch genoegzaam vastgesteld dat bijvoorbeeld Amerikaans marketingdenken niet werkt in Europa. Althans, niet zo goed als menig Amerikaans marketinggoeroe meende te weten. Hetzelfde geldt uiteraard voor ons Hollanders wanneer wij kosmopolietje aan het spelen zijn.

Maar laten we gemakshalve even aannemen dat je een celachtige relatie hebt met je buitenlandse vestigingen. Blijft de vraag hoe goed het celconcept werkt binnen andere landen. Eerlijk gezegd is daar geen peil op te trekken en ben je in voor een macht aan nieuwe ervaringen.
Zoals elders in dit boek verteld, zijn er twee basiselementen van de celfilosofie:

- De grote zelfstandigheid van en binnen de cellen (het loslaten van de bemoeizucht).
- Het hebben van een alom aanwezige sterke bedrijfscultuur (ofwel de standaards).

Pakken we die twee even stuk voor stuk.

De eigen zelfstandigheid is iets waar iedereen wel blij mee is, ongeacht de landsaard. Alle cel- of bedrijfsbaasjes vinden het eigenlijk wel fijn dat ze op hun eigen manier hun doelstellingen mogen halen. Maar toch zit hier een interessant addertje onder het gras. Neem bijvoorbeeld de Verenigde Staten. Zoals iedereen die daar wat vaker komt wel weet, is de informaliteit, zoals het gebruik van voornamen, maar schone schijn. Amerika is een strikt hiërarchisch land waar de baas de baas is. Hij bepaalt, 'beveelt' en ontslaat als het hem niet bevalt. Ik heb eigenlijk nog zelden zo'n zuivere vorm van 'management by fear' gezien als in dat land. Iedereen klaagt er ook over. Maar vergeet niet de keerzijde van dit fenomeen, want iedereen vindt het stiekem ook heel fijn om te klagen over zijn baas en hem de schuld te geven van alles wat er mis gaat. Terecht, want die baas bepaalt immers alles. Het is voor een Amerikaanse manager dan ook best eng om volledige vrijheid te hebben en daarmee ook de volle verantwoordelijkheid voor alles 'and nobody to blame but yourself'. Niettemin heeft de ervaring mij geleerd dat met een degelijke introductie en goede begeleiding de celstructuur prima kan werken in de VS. Zo heeft ieder land wel zijn eigen voordelen of kleine handicaps met betrekking tot die zelfstandigheid [1]. Hoewel ik wel moet toegeven dat het ons in geen enkel Aziatisch land gelukt is om een werkelijk groeiende celstructuur van de grond te krijgen. Lag dat aan de markt (die was toen relatief klein voor ons) of aan de landsaard? Ik weet het niet zeker. Eén ding heb ik wel vastgesteld en dat is dat Chinezen grote moeite hebben om te bekennen dat ze ergens niet in geslaagd zijn.

---

[1] Zie ook het kader over Brazilië in het hoofdstuk '**Celdeling achteraf,** *in een bestaand bedrijf alsnog cellen creëren*'.

Dat is een enorme handicap[1] bij het zelfstandig leiderschap dat nodig is in een cel.

**Een sterke bedrijfscultuur,** het tweede benodigde element van een succesvolle celorganisatie, is helemáál moeilijk om internationaal te implementeren. Had de zelfstandigheid nog een addertje onder het gras, voor een internationale bedrijfscultuur moet je door een waar mijnenveld. Jemig, wat heb ik daar een boel leergeld betaald en niet alleen in Frankrijk (zie kader), maar in bijna alle andere landen waar we kwamen. In India, waar onze 'standaard' kantoorruimte per persoon tot een vijfde gereduceerd moest worden. In Zwitserland, waar het baasje 'auf dem Dienstwege' via mij naar wie dan ook in het bedrijf bleef corresponderen. In Italië, waar de lunchrekeningen tot tien maal zo hoog waren als de onze. Op Taiwan, waar in de communicatie niet de waarheid telt, maar wat de baas wil horen. In Hongkong, waar bij de opening ons spelletje in het water viel omdat de gasten een paar lijntjes moesten tekenen, maar dat niet deden omdat ze bang waren om af te gaan. Duizenden kleine clashes waar onze cultuur botste met de lokale gewoontes. Ik wil niet uitgebreid ingaan op alle mogelijke problemen in de uitvoering. Mijn sterke advies is: zorg dat je lokaal iemand hebt die de celdeling begrijpt en die ook wil invoeren. En overleg met die persoon welke elementen van de bedrijfscultuur en standaards wél en welke niet haalbaar zijn in dat land, en welke er 'vertaald' moeten worden naar lokale normen. Als je je daar dan strikt aan houdt, kan de celstructuur bijna overal floreren. Maar houd er rekening mee dat die vertaalslag niet iets is wat op een regenachtige zondagmiddag gedaan kan worden. Dit vergt een open geest, veel wijsheid en een enorm fingerspitzengefühl.

---

[1] Zie verder in '**Fouten, de zegeningen van**, *bron van kwaliteit en creativiteit*'.

"Kijk, Jean Marc, vanaf heden gaan we dat heel anders aanpakken. Twee grote veranderingen. Eén: vanaf nu gaan we allemaal veel informeler met elkaar om en twee: je bent nu de baas van een echte zelfstandige vennootschap." Het duizelt Jean Marc nog een beetje, hij is nu door de fusie met BSO/Origin als hoofd van de stafafdeling 'PASS' van Philips statutair directeur van onze Franse cel geworden. Het is mijn eerste ontmoeting met hem en ik ben hem aan het inwerken in de structuur en cultuur van het celconcept. Over hoe wij gewend zijn om medewerkers eigen zelfstandigheid te geven, hen te vertrouwen en hen te coachen in plaats van de hiërarchieke baas uit te hangen.

"Ik wil ook straks nog even een beetje met een paar van je senior-jongens praten en voeling krijgen", zeg ik tussen neus en lippen door. Jean Marc pakt direct de telefoon en beveelt Gilles en François zich ogenblikkelijk te melden, want "Monsieur le Président Directeur Général de Origin" is over uit Nederland en *wil jullie ogenblikkelijk spreken*. Ja, ja, Jean Marc heeft zijn bedrijf echt onder controle, reken maar! Het eerste halfuur van die gesprekken hebben de jongens gebruikt om de zweetpareltjes van hun hoofd te wissen.

Veel is er daarna niet veranderd. Toen ik Jean Marc een paar weken later nog eens belde vanuit Nederland, hoorde ik heel duidelijk, klák, zijn hakken tegen elkaar gaan. Hij was dus ook nog voor mij gaan staan! Aan de telefoon! Over cultuurverschillen gesproken…

Het is met Origin Frankrijk ook nooit wat geworden.

## 'ZE', DE AFWEZIGHEID VAN

### DE SCHULDIGE BEN JE ALTIJD ZELF

Niet alleen in een celorganisatie, in ieder bedrijf hoort iedereen duidelijk te weten wat er van hem verwacht wordt. En dan heb ik het niet over een lange, slaapverwekkende, 12 pagina's tellende, door personeelszaken samen met de juridische dienst opgestelde jobdescription. Wat ik bedoel zijn duidelijk opgestelde verwachtingen die het bedrijf ten opzichte van die medewerker heeft voor de komende periode. Zoals de celdirecteur zijn heldere budget heeft in de trant van '*komend jaar zoveel omzet, zoveel winst, niet meer dan zoveel personeelsverloop of ziekteverzuim*', zo kun je voor iedere medewerker een paar doelstellingen opstellen die hij voor die en die datum bereikt moet hebben. Elders[1] in dit boek heb ik dat het 'Rondom' genoemd.

Zo'n doelstelling is dus fundamenteel verschillend van een 'jobdescription', want die is gelijk voor bijvoorbeeld alle *systeem-analisten* in het hele bedrijf. De doelstelling is iets anders, die is maar geldig voor een bepaalde tijdsperiode. Onlangs heb ik dit concept geïntroduceerd bij Ex'pression, College for Digital Arts, in Californië. In een onder de studenten gehouden enquête was duidelijk geworden dat de studenten heel tevreden waren over het onderwijs zelf, maar niet echt te spreken over de 'student services', zoals studentenhuisvesting of studiebeursaanvragen, het restaurant, of een van de vele andere diensten.

De heel simpele doelstelling voor het hoofd van die diensten kan dan zijn om vóór Kerstmis het beoordelingscijfer van de huidige gemiddelde 5,9 op te krikken naar een 7,5. Binnen het bestaande budget, dat zij zelf had opgesteld. Hoe zij dat dan doet is aan haar. Ze kan er bijvoorbeeld voor kiezen om meer efficiency in het systeem

1) Zie '**Rondom, het grote**, *waar het om draait*'.

te brengen. Ze kan een handige ondersteunende website met adviezen en adresjes opzetten. Uitzoeken wie van het team niet goed functioneert, noem maar op. Volgens het nieuw geïntroduceerde concept zal ook zij ongetwijfeld aan haar medewerkers hele duidelijke 'subdoelstellingen' geven over tevredenheidscores die op hun specifieke servicegebied liggen. Wellicht gaat ze een balie regelen waar alle diensten samenkomen of wat dan ook. Wat ik wil zeggen is, hoe ze het doet kan mij niet schelen, maar aan het eind van de rit (Kerstmis) kan ze zelf kijken of ze het gehaald heeft of wellicht zelfs beter dan verwacht heeft gescoord. Ze hoeft dan ook helemaal geen beoordelingsgesprek af te wachten, want de beoordeling wordt gedaan door haar klanten, te weten de studenten. Zo simpel is dat.

Omdat deze *student services* ook als één samenhangend zelfstandig geheel is neergezet, zijn er ook geen andere stafafdelingen waar het van afhankelijk is. Er is niemand, geen enkele andere instantie, waar naar verwezen kan worden als oorzaak van eventueel falen. Er is geen 'ze'. "*Ze hebben ook niet op tijd dit of dat voor mij gedaan*" bestaat niet.

Om in zo'n comfortabel zelfregulerend systeem terecht te komen, is het zaak de bedrijfsfuncties zo te bundelen, dat de interrelaties minimaal zijn. Tjesses, wat een draak van een zin, die doen we nog een keertje over: als je wilt bereiken dat de ene afdeling niet de schuld kan geven aan de andere afdeling, is het makkelijker als je ervoor zorgt dat alle bedrijfsonderdelen in één en dezelfde afdeling terechtkomen. Je zult dus soms je verschillende diensten fors moeten herindelen om tot zo'n zelfregulerend systeem te komen. In sommige gevallen moet je dan echt in staat zijn om het '*hoe het was*' helemaal los te laten en nieuw na te denken over de missie van een bepaald bedrijfsonderdeel. Zo moest in bovengenoemd geval van Ex'pression de 'IT' naar de student services worden overgezet.

## EEN BEETJE WIJSHEID, GRAAG.

Ook het definiëren van de missie of doelstelling van een onderdeel vergt soms best wel wat ervaring en wijsheid.

Niet zo lang geleden meldde ik mij voor mijn 'routine'vlucht naar Amsterdam bij de KLM-balie in San Francisco. "*Counter is closed*", sprak Alberto Cabanas, de man achter de balie. Hoezo 'closed'?, vroeg ik. "*You are too late*", zei de man. Hoezo 'laat', we hebben nog bijna een uur? "*We close one hour before departure*".

Ik zag aan de man dat hij niet van zins was om gemakkelijk van standpunt te wijzigen, dus probeerde ik het op de onderdanige toon. Ik zei: "Ik heb een spreekbeurt in Amsterdam morgenmiddag, als ik die niet haal, laat ik een zaal van 500 man in de steek." "*We are closed*", is het enige wat ik uit hem kreeg. Ik probeerde het nog eens: "Mijnheer, ik vlieg business class, ik heb 'de Platinum Frequent Flyer For Life'-status bij jullie en ik heb géén bagage en er zijn nog 51 minuten voor vertrek. Geef me dan een voorlopige boarding pass, ik loop wel op eigen risico naar de gate." "*Check in is closed, sir*", zei hij zonder verder van zijn buitengewoon belangrijke handelingen achter de balie op te kijken. "Mag ik dan de baas spreken, die kan vast de check in wel weer opengooien in de computer." "*I'm the boss here*", klonk het laconieke antwoord. "Rare vraag misschien," probeerde ik, "maar is er niet iemand anders, nóg hoger in rang dan u in dit gebouw?"

"*Yes, but he is at the gate.*"

"Kunt u hem voor mij aan de lijn krijgen dan alstublieft? Ik heb een zaal die op mij wacht bij aankomst."

"*I can book you on the flight for tomorrow*", sprak Alberto zonder in te gaan op mijn verzoek.

"Ja, fijn, maar daar heb ik zoals u begrijpt niets aan, want mijn zaal verwacht mij over 14 uur in Amsterdam voor mijn spreekbeurt."

"*I can give you an OK booking for tomorrow's flight*", en hij verdiepte zich nog verder in zijn werkzaamheden.

Ik smeekte nog eens om de computer weer open te gooien.

*"If I do that, they will fire me."* De man die de klanten bedient – en daar naar eigen zeggen zelfs de baas van is - mag kennelijk niet zijn eigen check-in software opstarten.

Ah, daar hebben we dus het probleem op tafel. Zijn missie is kennelijk niet om trouwe klanten te transporteren op de overeengekomen en betaalde vlucht, maar om de afdeling die over de computer gaat tevreden te houden. En als die niet tevreden is zal hij ontslagen worden.

Enfin, de vlucht met Virgin was buitengewoon comfortabel, lekkere massage aan boord ook, een echte aanrader!

Er is een boel werk te doen, daar bij KLM.

Bijvoorbeeld het herdefiniëren van de missie, zodanig dat ook de klant daarin voorkomt, en het herindelen van de afdelingen, zodanig dat degene die de klant bedient ook zijn eigen computer aan mag zetten, zodat er geen 'ze' meer is.

P.S.

EEN CURSUSJE KLANTENCOMMUNICATIE ZOU OOK NIET WEG ZIJN TROUWENS ☺

## ZEEPKIST, DE

### EFFECTIEVER DAN EEN MICROFOON

Toen ik negentien was, was ik reisleider op een Rijnboot die weektochten maakte tussen Arnhem en Rüdesheim am Rhein. Er waren iedere dag speciale activiteiten en uitstapjes op de wal. Die werden dagelijks op het prikbord gehangen, maar ik kondigde ze ook aan tijdens mijn dagelijkse dinerpraatjes via het interne PA-systeem. Ik vertelde er dan meer over, zoals hoe lang het duurde, wat voor bijzonderheden we gingen zien en wat het kostte.

Hoe vaak is het mij niet gebeurd dat na het diner mensen naar mij toe kwamen met de vraag: "En, reisleider, vertel eens, wat gaan we morgen allemaal doen?"

Grrrrrrrrrr.

Je kunt dan de conclusie trekken 'zie je wel, stomme toeristen', maar je kunt ook eens nadenken over de effectiviteit van prikborden, mededelingen ex cathedra of mailings van de directie. Het wérkt gewoon niet. Zonder persoonlijk contact met de ontvanger is het niet makkelijk om een boodschap echt over te brengen.

Hoe doe je dat dan bij een celorganisatie, waar de cellen meestal ook nog eens geografisch verspreid liggen?

Wat dacht je van gewoon naar de cellen gaan, daar iedereen bij elkaar roepen, een zeepkist pakken, erop gaan staan en vertellen wat je te vertellen hebt? Zo simpel is het. Vooral niet achter een spreekstoel of met een luidspreker, want dat schept een enorme afstand, dan durven de meeste mensen geen vragen meer te stellen. Gewoon gaan staan, jezelf - letterlijk - kwetsbaar opstellen en de poorten wagenwijd open voor vragen, de échte vragen. Van die vragen kun je dan weer heel veel leren, want zij geven de lacunes aan in je verhaal. Zo wordt je verhaal ook steeds beter en – dubbel snijdend zwaard – de mensen zien jou weer eens en jij kunt de sfeer in de cellen weer eens opsnuiven.

Dingen zijn soms zo vreselijk simpel.

Maar ja, ik hoor het je al zeggen: "Ja hoor, maar daar heb ik echt geen tijd voor, als baas van de hele club."
Man, je hebt geen idee hoe belangrijk het is om zo af en toe je gezicht te laten zien, vragen te beantwoorden en met iedereen contact te hebben. Jij bent op die manier de olie in de versnellingsbak. Probeer het eens zónder en kijk dan eens hoe snel de zooi vastloopt.
Gewoon doen, op die zeepkist gaan staan en kijk met genoegen hoe leuk je mensen het vinden. En laat je verbazen over hoe een antwoord dat je op de ene plek gegeven hebt op een andere plek weer opduikt. Zo intensief worden je woorden opgezogen en weer aan elkaar doorgegeven.
Niks "Reisleider, vertel nog eens wat we allemaal gaan doen?"
Gewoon gebruik maken van het meest efficiënte informatiesysteem dat er is, het WIS, Wandelgangen Informatie Systeem. Maar zorg dan wel dat je zelf de bron van de informatie bent.

## ZOETE DOOD VAN EEN CEL, DE

### DE EEN Z'N DOOD...

Het fijne van het celconcept is dat in principe iedereen binnen een celorganisatie met een goed idee voor een nieuwe dienst aan de slag kan. Althans, voor zover de nieuwe dienst goed aansluit bij de reeds bestaande business. Eerst goed definiëren wat je nou precies op de markt gaat brengen, de missie [1] bepalen, een bedrijfsplan schrijven, een cel oprichten en hup, de markt op. Uiteraard moet er met de holding, die het moet financieren, overeenstemming zijn over de inpasbaarheid in de rest van het bedrijf en over de levensvatbaarheid van de nieuwe loot.
Zo gemakkelijk gaat dat. Bij BSO zijn zo zeker een klein dozijn nieuwe diensten toegevoegd aan het bestaande spectrum.
Maar gaat er dan niet af en toe een cel failliet?
Ja, zo zou je het soms wel kunnen noemen.
Maar je moet wel verschil maken tussen twee soorten van problemen.

Type één. Is een 'standaard'cel in een gewoon marktgebied in de problemen, omdat het management ondanks veel extra hulp en 'bijlessen' van de coach toch niet in staat blijkt om de cel succesvol te maken, dan zal er toch even zeer kritisch naar de celdirectie gekeken moeten worden. Ik denk dat ik in de loop van twintig jaar celervaring met uiteindelijk meer dan veertig cellen zo'n stuk of vijf, zes celdirecteuren uit hun functie heb moeten ontheffen en terugplaatsen naar hun vorige functie. In zo'n geval wordt er dan in eigen gelederen een nieuwe directeur gezocht en gaan we, na de kas weer bijgespekt te hebben, gewoon door waar we gebleven waren. Hier is dus niet sprake van het 'overlijden' van een cèl, want

---

1) Zie '**Mission Statement,** *handig of corporate gelul*'.

die gaat gewoon door, maar van een functionaris.

Type twee. Gaat het om een probleem bij een nieuw type cel met een afwijkende product-marktcombinatie, dan is de kans groot dat het opheffen van de cel ook op het lijstje van de mogelijke oplossingen komt. Het is dan zaak om goed te analyseren waarom het niet 'loopt'. Ziet het ernaar uit dat het management goed zijn werk heeft gedaan, maar dat de markt toch niet zo vreselijk snakt naar onze nieuwe '*goodies*'? Dan gaat de botte bijl er rigoureus in. Nou ja, 'bot' … De nieuwe 'mislukte' cel wordt opgeheven en de bestaande klanten worden geholpen tot de lopende contracten zijn uitgediend. De medewerkers kunnen nu vrij solliciteren bij andere cellen en de andere cellen mogen vrij medewerkers benaderen (iets wat bij een gezonde cel niet mag). Zeker als de zojuist overleden dienst sterk aanpalend is bij de rest van het bedrijf kan het hele probleem meestal met niet meer dan een of twee afvloeiingen worden afgewikkeld.
Zoals je ziet is er ook hier geen sprake van een echt faillissement, want er blijft niemand (behalve de holding, dan) met financiële gebakken peren zitten, maar wel van het 'overlijden' van een cel.
Als ik sentimenteel was geweest, zou ik een redelijk geoefend grafspreker zijn geworden bij de teraardebestelling van menige cel. Ik denk dat er een klein tiental zo aan zijn einde is gekomen. Gelukkig was er dankzij de interne 'recycling' van de boedel en de medewerkers vaak sprake van evenveel vreugde als droefenis.
Een andere oplossing voor het probleem van dit tweede type is om het management, dat meestal ook de initiatiefnemer was, de gelegenheid te geven de boedel voor een appel en een ei over te nemen en zelf voort te zetten. In enkele gevallen zijn hier zeer succesvolle bedrijven uit ontstaan.
Hm ja, dat zet je dan wel weer aan het denken over wat wij dan verkeerd hadden gedaan…

## "ZONDE, BIJ ONS KAN DIT NIET"

### ZOEK DE PARELS

Op een dag sta ik samen met managementgoeroe Henry Mintzberg op een symposium. Henry is beroemd om zijn zeven verschillende managementmodellen, variërend van *'Adhocracy'* tot *'Machine Bureaucracy'*. Direct na mijn spreekbeurt vraagt iemand uit de zaal aan Henry in welk van zijn modellen het cellenconcept gezien moet worden. Henry draait zich om naar het scherm waar mijn laatste cartoon nog staat, wrijft lang over zijn kin en zegt: "Hmmm, I think it comes closest to the model of a church."
De zaal moet daar een beetje om giechelen, maar ik denk dat hij gelijk heeft, kerken en spirituele organisaties vertonen inderdaad veel eigenschappen van een celstructuur. Er is een duidelijke missie, er zijn standaards 'zo doen we dat bij ons' (zoals bij een huisstijl), er is vaak vrijheid om de boodschap conform de lokale cultuur in te vullen.

Met dezelfde argumenten kun je beweren dat Al Qaida zich als cellenstructuur gedraagt. Het gaat daar ook over verschillende zelfstandige 'cellen' (die ook niet toevallig zo genoemd worden) met een grote onderlinge onafhankelijkheid, maar ook met een heel sterke gezamenlijke missie en onderlinge banden. Interessant is het ook om in deze context het onzinnige van de leus 'war on terrorism' van George W. te bekijken. Zeker als je in aanmerking neemt wat hij bedoelt met 'war'. Hij doelt dan namelijk letterlijk op de oorlogsindustrie, vliegtuigen, raketten, bommen en veel manschappen met speciale uitrustingen. Hij doelt daar niet alleen op, hij dóét het ook voor die industrietak, hij wordt door hen 'gesponsord', maar ja, dat is weer een heel ander boek[1].

---

1) Zie het zeer vermakelijke en toch ernstige boek '**Addicted to war**, an illustrated exposé by Joel Andreas', ISBN 1 902593 57 X

Als je tegen een cellenorganisatie als Al Qaida wilt vechten, zul je bereid moeten zijn die 'oorlog' op honderden fronten tegelijk te strijden. Dat lukt niet met macho bommenwerpers en vliegdekschepen. Zo'n organisatie is welhaast ongrijpbaar, zeker zolang hun sterke missie in leven gehouden wordt - en dat wordt hij - juist door het 'brute kracht' en vernederend handelen van de Amerikaanse administratie zelve!

Maar, back to business. We hebben elders al gezien, dat de celfilosofie twee heel belangrijke componenten heeft:

- de grote zelfstandigheid en onafhankelijkheid van de cellen;
- de sterke missie, de 'ziel' en het sterke wij-gevoel, de 'standaards' (zie aldaar), die voor de binding tussen de cellen zorgen.

Het zijn deze laatste 'zachte' waarden die het geheel bij elkaar houden. Die moeten dus ook zeer gekoesterd worden.

Maar laten we eerst kijken welke organisaties het meeste baat zullen hebben bij een celstructuur. Eerder hebben we al gezien dat dienstverlenende organisaties boven aan die lijst staan, zeker als het om repetitieve business gaat; daarmee bedoel ik diensten die op veel plekken aan numeriek veel klanten tegelijkertijd gegeven worden.

Denk aan:

- schoonmaakbedrijven
- hulpdiensten (à la Wegenwacht of Tyrecenter)
- restaurants en hotels
- verkoopkantoren
- zakelijke diensten zoals advocaten en accountants
- retail banking
- verzekeringsadviseurs
- privé- en openbaar onderwijs

Om even op de laatste door te gaan, ik denk dat onze overheid twintig jaar geleden de stomste fout sinds lang gemaakt heeft door

de Mammoetwet te combineren met een stimulering van de fusies onder de scholen. Een denkfout eerste klasse: ja, natuurlijk willen we wél duidelijke standaards in ons onderwijs. We willen inderdaad een opleidingsysteem in modules die op veel manieren op elkaar aansluiten, ja dat wel! Maar we willen géén belachelijk grote vleesfabrieken die druipen van de overhead, waar niemand weet wie wie is, laat staan wat die ander doet. Scholen waar leerlingen geheel 'verloren' rondlopen in plaats van vanuit het comfort van veiligheid en geborgenheid les te krijgen van mensen die weten hoe je heet of wat je kunt. Wat dacht je waarom anders de reguliere gymnasia met meestal minder dan 800 leerlingen zo'n daverend succes zijn?
Bijna letterlijk met tranen in de ogen heb ik in de jaren zeventig en tachtig aanschouwd hoe de minister van Onderwijs steeds loggere bureaucratieën liet ontstaan, terwijl in diezelfde tijd BSO de levenskracht van zelfstandigheid liet zien.
Is de celdeling dus eigenlijk geschikt voor alle bedrijven? Nee. Ik persoonlijk zou niet graag willen vliegen in een verkeersvliegtuig dat gebouwd is met het principe "OK, doen jullie de linkervleugel, Bob en zijn mensen doen de rechter. Overigens, de standaard is dat de opwaartse kracht bij 900 km/uur minstens 300 ton is. We hebben aan de cel Amsterdam gevraagd een leuk cockpitje te bouwen en in Apeldoorn doen ze het staartstuk. Doe je best, see you next year."
Inderdaad, zo werkt het niet. Grote complexe eindproducten kun je niet bouwen met een celorganisatie. Ten eerste zullen ze nooit zelfstandig worden, of dacht je dat die cel Amsterdam z'n eigen linkervleugels of cockpits op de markt kan brengen? Nee natuurlijk niet, anders moet je het slotakkoord van het hoofdstuk Verkoop voor straf nog maar eens een keertje voorzingen [1]. Ten tweede is het aantal interdependenties tussen de cellen veel te groot. De relaties en zodoende het aantal afstemmingen met andere 'cellen'

---

1) Zie het hoofdstuk '**Verkoop, de centrale**, *het ieder voor zich principe'*.

zou dan zo groot zijn, dat er van onafhankelijkheid van een cel geen sprake meer kan zijn. Datzelfde probleem doet zich voor bij alle bedrijven die complexe producten maken. Microsoft bijvoorbeeld. Maar ja, die lukt het ook met traditionele structuren niet om een goed werkend en betrouwbaar eindproduct te maken.
Wil dat dan zeggen dat dit boekje geen nut heeft voor dit soort organisaties?
Jawel, juist wel!

In de loop van mijn leven heb ik alles bij elkaar flink wat congresjes en seminars afgelopen. Ach, en iedereen weet hoe slaapverwekkend het merendeel van dit soort happenings is en dat je soms denkt: "Oei, dat was een boel geld voor een emmer met slap geouwehoer." Ik heb mij op zo'n moment altijd getroost met de gedachte dat als er maar één advies of één idee tussen zit waar ik mee naar huis ga en dat ik succesvol kan toepassen, dat ik dan de kosten er waarschijnlijk duizendvoudig uit heb. Ik noem dat *de parels*.

Zo staan er veel concepten in dit boek, die verplicht onderdeel zijn van een succesvolle celstructuur, maar die ook heel handig zijn om toe te passen in iedere andere organisatie.
En als je geen parel kunt vinden, dan hoop ik in ieder geval dat je van de oesters genoten hebt.

La Roquette sur Siagne
Juli/augustus 2006

# MET DANK AAN

**KIVI**

(Koninklijk Instituut Van Ingenieurs, afdeling bedrijfskunde) die mij een prijs toekende voor het hier beschreven management-concept en mij stimuleerde het op te schrijven,

**DE CA. 10.000 BSO'ERS EN ORIGIN'ALS**

die in de loop der jaren binnen dit concept hebben gewerkt, hun hart en energie hebben gegeven, mij aanmoedigden en bewezen dat je heel veel plezier in je werk kunt hebben en toch waanzinnig succesvol kunt zijn. Collega's die elkaar trouwens nog steeds opzoeken.

En aan **GUIDO CAMPS**
die geholpen heeft enige ordening aan te brengen in mijn gedachten en die de aanzet gaf tot het concept van dit boek.

En natuurlijk heel veel dank aan **MONIQUE**
die het manuscript 'tig' keer heeft gelezen, er een forse dosis onzin en egotripperij uit haalde en die mij wees op passages die niet duidelijk of leuk genoeg waren ("*Nee hoor, dit is niet om door te komen*"), passages die ze mij dan tot vervelens toe liet herschrijven. En passant voegde ze 1297 punten, komma's en spaties toe, [illegible] of haalde ze juist weg.

En niet te vergeten **BIRGITTA**,
mijn geweten en gids in PR-land, die vele nuttige suggesties deed, waarvan ik er vele heb opgevolgd en aan dierbare meelezers als Tirso, David en Simone. Ja, **SIMONE** heeft eigenlijk nog het hardst gewerkt, die heeft zo'n tien pagina's met commentaar geleverd die ik in een laatste redactieslag nog allemaal heb verwerkt.

Tenslote hadden we nog een brainstormavondje georganiseerd waar voor zo'n €5000.- aan energie van reclame-vriendjes is verstookt voor een fantastisch idee voor de titel en het kaft, dat uiteindelijk toch niet is doorgegaan. Niettemin, dankjewel **GREO, DAVID, RON, CLIEN** en **ROSA**.

En toen het manuscript en kaftontwerp dan helemaal klaar waren, zei Nicolette na lezing: "Zeg het lijkt wel of je van een andere planeet bent, heb je nooit fouten gemaakt, of zo?". Zo werd op het laatste nippertje nog het hoofdstuk '**Belangrijk**, wel even lezen' geboren. Dankjewel **NICOLETTE**.

## NOTES:

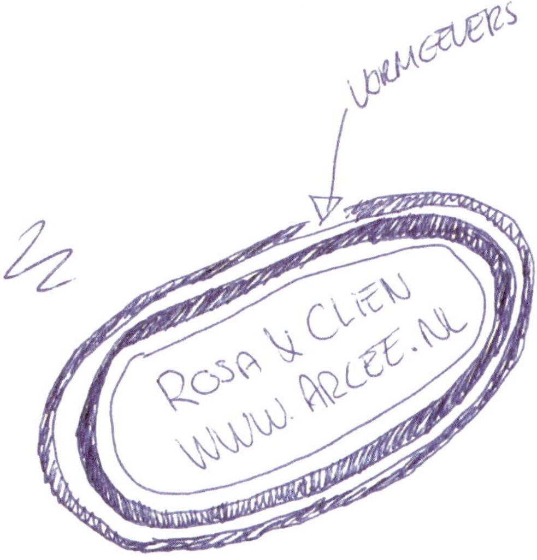
VORMGEVERS
ROSA & CLIEN
WWW.ARLEE.NL